情報を「お金」に換える

シミュレーション思考

Simulation Thinking
make money

塚口直史

SOGO HOREI PUBLISHING CO., LTD

はじめに

ファンドマネージャーがお金を稼ぐことより大切にしている「思考」とは？

私は外資系運用会社のヘッジファンドマネージャーとして、資産家からお預かりした大切な資金を運用するという仕事をしています。変化の激しい国際金融市場で、常に五手先、十手先を読み、リターンを挙げて運用手数料をいただくという仕事です。1日のうちほとんどの時間を、情報収集とその分析に費やしたうえで、投資を行ない、その集積結果をお客様に報告しています。これを大学卒業後、20年に亘って続けています。

意外に思われるかもしれませんが、この日々の地道な作業が、直接運用パフォーマンスを挙げることにつながるわけではありません。

大切なのは、このような地道な作業によって

「将来を見通すストーリーを紡ぎ出すこと」が可能になっていくことにあります。

ストーリーを組み立て、将来を見通すことができれば、運用パフォーマンスは自然と挙がります。「リターンを挙げる」という極めて高い付加価値を創り出すことで、私たちのファンドに投資してくださっているお客様とそのビジネスに、より価値の高い有用な国際情報を提供することができます。そうしてはじめて、引き続き資金を預けていただけるのです。お客様の大切な資金を増やし、より価値のあるものにするためにも、毎回が試練です。

億万長者が投資するうえで大切にしていること

私のお客様は、海外金融機関から国内上場企業のオーナー様まで多岐に亘ります。いわば、億万長者の方々です。常日頃から非常に広くアンテナを張り巡らせ、情報の感度を少しでも高くお持ちになろうと努力されています。

億万長者は、運用利益云々といった目先の数字には興味を示しません。むしろ、**「一体なぜこのような投資を行うのか」という、運用の背景にあるストーリーを多く入手しようとします。**

実際に海外投資、特に新興国投資を行う過程では、利益を出すこともあれば損失を出すこともあり、常に期待と恐怖が隣り合わせの状態です。そうして血と汗と涙でできあがった国際情報には、生々しいほどの鮮度と本質が詰まっています。億万長者は、そうしたストーリーにこそ興味を示します。そしてそれを自分自身で応用してビジネスに活かそうとする資質を、ほぼ１００％の確率でお持ちです。

億万長者になる秘訣は、単に資産を分散投資することではありません。「将来こうなるのでは」と、ストーリーを組み立てて予測し、そこに向けて行動する。つまり、**ストーリーに、自分の時間とお金を投資することにあります**。

こうした行動につながる思考を「シミュレーション思考」と位置づけます。

本書では、この「シミュレーション思考」について、その方法も含めてご紹介していくことを目的としています。

この思考を資産運用のみならず普段の生活に取り入れていくことで、お金はもちろん、日々の生活も人生も、豊かで安定的なものになっていくことでしょう。

私の所属する投資顧問会社の創業者であり、また、億万長者として弊社の顧客でもあるデイビッド・ヘルネ氏にも全く同じスピリットを感じます。

彼はハーバード大学を卒業後、縁あって単身でソ連崩壊後の激動のロシア株式市場に乗り込み、莫大な財産を築き上げた人物です。27歳で国営航空会社アエロフロートの役員になって民営化に尽力したことから、イギリス人ながらもプーチン政権の信頼を得て、世界最大の電力会社であるロシア電力機構の民営化を成し遂げました。その規模と成功は、世界最大の民営化案件としてギネスブックに載っているほどです。そうした世界で成功を収めている彼は、激動する世の中だからこそ、多くのストーリーを持って事に当たるべきだと日頃から語っています。

大きな好奇心を持って色々な国や案件にくり返し投資を行い、成功を収めているのは、その背景に、客観性に基づく複数のストーリーを創っているからです。まさに「シミュレーション思考」の体現者です。

この本を通して自らストーリーを創り、将来を主体的に生きる読者の方が増えていくならば、著者冥利に尽きるというものです。

塚口直史

Contents

情報を「お金」に換える シミュレーション思考

第1章「シミュレーション思考」の基本的な考え方

第2章 シミュレーション思考に必須の「お金の歴史」

第3章 シミュレーション思考に必須の「地政学」

第4章 シミュレーション思考に必須の「リスク管理」

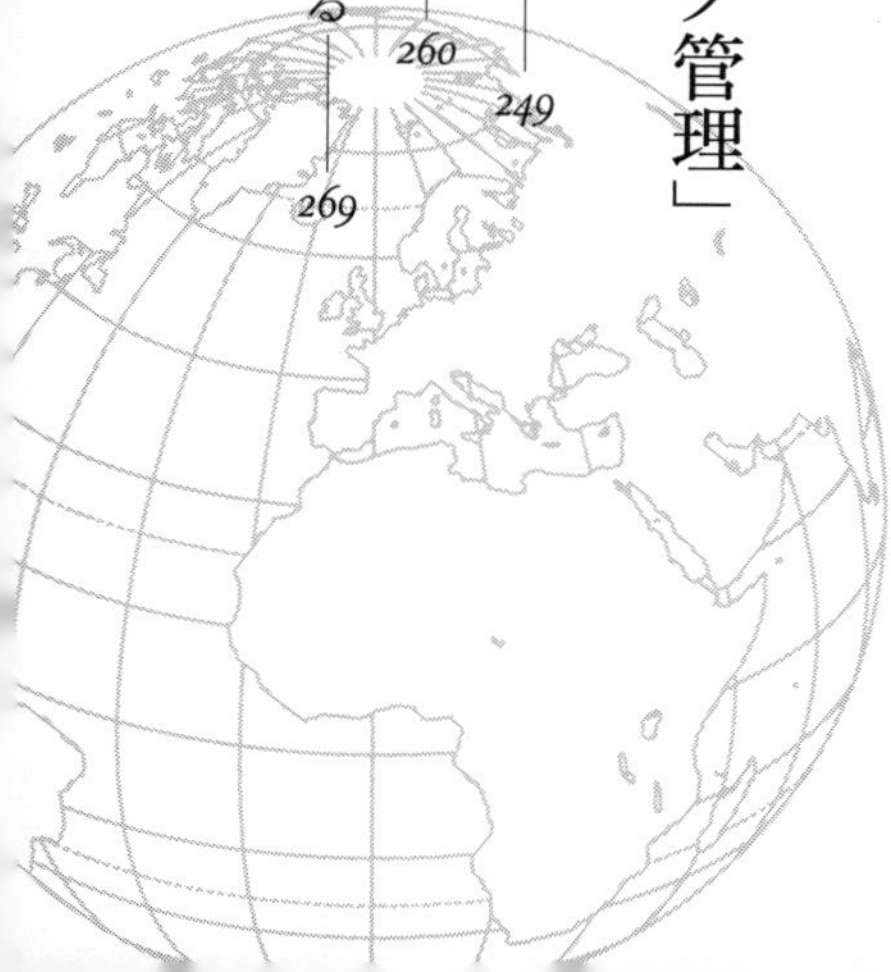

装丁デザイン　小口翔平（tobufune）
本文デザイン　新田由起子（ムーブ）
図表・ＤＴＰ　横内俊彦
編集協力　白鳥美子

プロローグ

未来をイメージできる能力は「武器」になる

「シミュレーション思考」と聞くと、どんなイメージを持つでしょうか。賢い人が未来を予想してお金を儲けているイメージ？　それとも、経営者が常に先を読んで新規事業に着手し成功しているイメージでしょうか。

いずれも間違いではありません。ですが、一つ言えるのは、この**シミュレーション思考は、業界や職種、地位にかかわらず、これからの世界を生きる全ての人に必要な思考**だということです。

大規模な地震による生活環境の変化、マイナス金利をはじめとする金融施策による景気の変化、会社の突然の買収・倒産など、一瞬にして生活が大きく変わる局面に遭遇する場面が増えています。誰にも未来がわからないからこそ、自分なりに将来を予測することが、どんな時代をも生き抜くことにつながると感じています。日頃から少し先の未来をイメージし、それに向かってシミュレーションをくり返すことは、あなたの武器になるでしょう。

そのシミュレーションを行ううえで欠かせないものが、「ストーリー」です。

私の場合、日々「シミュレーション思考」を用いて将来の世界や生活のストーリーを描き、そのストーリーが正しければ、投資リターンを得ることができます。そして投資してくださっているお客様と喜びを分かち合うことができます。

一方、ストーリーが間違っていた場合は、残念ながらリターンを得ることはできません。運用額が大きいこともあり、億単位のロスにつながることも考えられます。最悪の場合、職を失ってしまうという厳しい世界です。

リターンを挙げてはじめて価値ある人間と認めてもらえる資産運用の世界の中でも、私が主戦場として選んだヘッジファンドの世界は、最も熾烈な世界と言われています。そんな中、２００８年にグローバルマクロ戦略運用を開始して以来、毎年プラスのリターンを挙げています（年間アベレージは20％以上）。

その実績が認められ、ブルームバーグなど海外のメディアでは市場コメンテーターとしてコメントを求められる機会も増えています。

私はこれまで、都銀系投資顧問会社、米系最大の商業銀行、世界最大の外資系運用会社といくつか職場を変えています。また、東京、ロンドン、モスクワと、仕事の拠点も世界各地に変えてきました。しかし、働く会社や場所が変わろうと、常に私が拠り所としてきたのが、この「シミュレーション思考」という方法なのです。

私がモスクワを拠点にしている理由〜多極化世界とは新興国主導の世界

私は現在、ロシアの首都モスクワを中心に仕事をしています。今から遡《さかのぼ》ること3年前の2013年、オバマ米国大統領が「アメリカはもはや世界の警察官をやめるべきである」と演説しているのを聞いたとき、歴史の大きな変化の訪れを感じました。超大国アメリカによる一極政治経済体制が終わりを告げ、多極化の流れとしてのグローバルゼロの世界（Gゼロの世界）への移行に向けたホイッスルの音を聞いた感を受けました。

それから私は資産運用リサーチの拠点をモスクワに移すとともに、ヘッジファンドの運用手法に関して、新興国の経済分析に重点を移しました。地政学リスクを踏まえたうえで経済を分析し、世界を見ていくという形に抜本的に変えたのです。
その結果、２０１５年は、他のヘッジファンドが軒並みマイナスの成績となる中、50%以上のグロスリターン※を挙げ、世界的なファンド評価会社より世界3位の成績として表彰されました。ジョージ・ソロス氏をはじめ、世界にグローバルマクロ戦略で運用するヘッジファンドマネージャーが１０００人以上いることを考えると、とても名誉なことです。※グロスリターンとは運用手数料・税金控除前

２０１６年度もまだ途中ですが、77あるロシアにおけるヘッジファンドにおいて最優秀賞を獲得し、表彰を受けました。

すべては、ストーリーを創り、シミュレーションをするというくり返しから生まれたものです。このくり返しが、生き残るための処方箋となっているのです。

アメリカ不在の多極化が叫ばれる世の中で、**劇的に変化を遂げつつある不確実性の高い今の世界だからこそ、生き残っていくための処方箋が必要**です。そしてその処方箋は、資産運用の世界以外でも、これから多くの大きな判断を迫られるであろう、仕事や日常生活の中で必ず役に立ちます。しかも、それは変化を受け入れる準

備のできている人であれば、誰にでも活用できる方法です。

まずは今までの常識を捨て、変化の激しい世界を奇貨として、逆に豊かな人生に変えていく「シミュレーション思考」を知っていただきたいと思います。

第1章

「シミュレーション思考」の基本的な考え方

著者の所属する会社が入居するモスクワ金融街高層ビル（モスクワ市モスクワシティにて）

この章では、Ｇゼロの世界を生き抜くうえで必要なシミュレーション思考を身に付けるために、３つの柱が必要であるという話をお伝えします。

また、シミュレーション思考を身に付ける過程においては、情報の集め方、モノの見方、行動が欠かせません。日々私が資産家の方たちと接するうえで大切にしていることも含め、ご紹介します。

01 シミュレーション思考とは

シミュレーション思考に欠かせない3つの柱

私は、「**世界に対する好奇心**」、地理と政治を結びつける「**地政学**」、私たちの経済生活の基盤を良く知るための「**お金の歴史**」の3つの柱こそ、**シミュレーション思考に欠かせない**と感じています。

深く地政学の歴史を学び、広くお金の歴史を学び、できる限り世界に精通することで、幸せな未来を手にすることができると実感しています。

図1はそうしたシミュレーション思考における未来のイメージ図です。

横軸（X軸）が世界への好奇心（国の数）です。そして縦軸（Y軸）が政治・軍

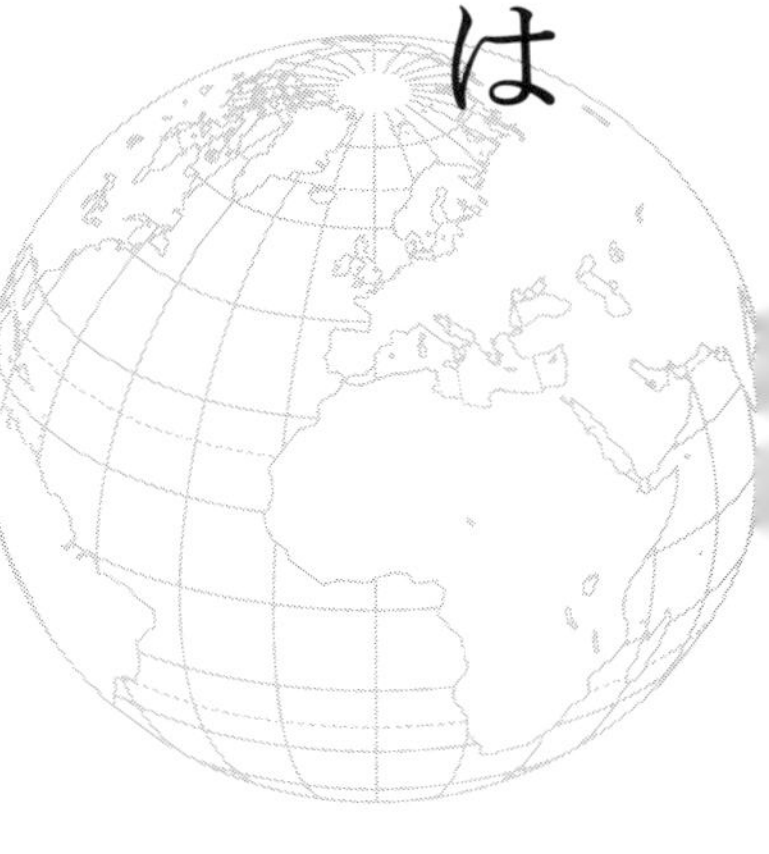

事の歴史、つまり地政学です。奥行き（Z軸）がお金の歴史です。この縦軸、横軸、奥行きで構成される立方体が未来の社会を表しています。

たとえばあなたが「日本」という国しか知らなかった場合、知っている国の数は1、つまりX軸は「1」になります。また、軍事・政治の歴史について全体の10％程度だけ知っている場合は「10」、お金の歴史について何も知らない場合、Z軸は「0」になります。

「ストーリー」を多く持つということは、X軸とY軸とZ軸の幅を多く持つということです。

つまり、それぞれの軸について知っていれば知っているほど、XYZで作られるハコは大きくなり、未来について複数の選択肢を考えられるようになるのです。

城に例えると、お金の歴史で堀ができ、地政学で石垣ができるイメージです。そして多くの国のお金の歴史と地政学を知れば、本丸、二の丸、三の丸と外郭が増えていく形で、その城がより強固になるというわけです。

■図1　シミュレーション思考を形作る3つの軸

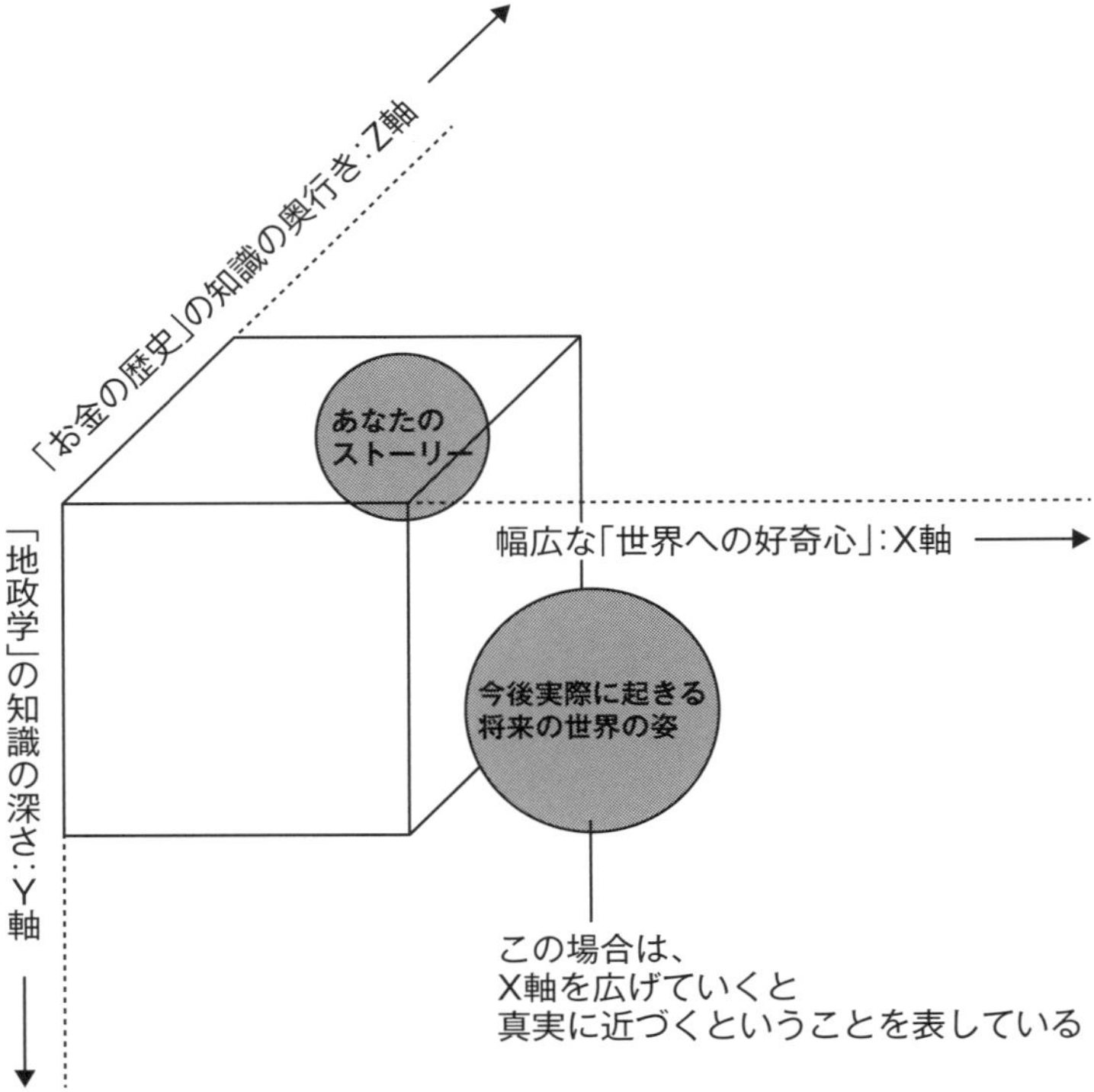

ストーリーを創る際には、たった一つしかない結果を予測するのではなく、複数のストーリーを創るようにすることが大切です。すると、**どこかに未来が当てはまるようになります**。そうなるためには、日頃から「客観的」に物事を観る目を養う必要があります。「客観的」というのは誰にも動かしようがない事実のことです。主観を排除して創るのが前提です（その方法については第1章09で紹介します）。

客観的で説得力のある未来予想は、人々を動かす力を持ちます。提示された未来像が悲惨なものであれば、「そうはなりたくない」という気持ちを呼び起こし、人々を悲観的にさせ、予防行動を取らせるでしょう。

一方、ワクワクする未来を提示できれば、それを聞いた人は安心してその方向に向かって努力を続けることができます。

転職先選びも「シミュレーション思考」で

ここで、シミュレーション思考を用いてストーリーを創る事例を一つ挙げてみましょう。

最近、日本人の学生から就職活動について質問を受けることが増えました。私の答えは「将来がどうなるかを考えて、それを前提に就職活動をしてください」というものです。

これは転職を考えている方も同じことです。今現在の評価が高いという理由で人気上位の会社に転職するべきではありません。それは割高な株を買うのと同じです。それよりも**他の人には見えていない価値を見出して、結果的に多くの収益を上げることのほうが大切です**。就職活動は、株式投資とまさに同じ行為なのです。

多くの人はこの「他の人には見えていない価値」を探すことを放棄し、誰かがいいと言った価値に基づいて行動してしまいます。

それが悪いとは言いません。しかしながら、そのようなやり方をくり返していると、一生「誰かの評価」を基準に生きて行くことになります。すると、会社に依存した働き方しかできなくなってしまったり、突然のリストラで絶望の淵に追い込まれたり、後悔しても後悔しきれない時間と労力を奪われてしまうことになるでしょう。ぜひ、**今の姿だけを見るのではなく、少しでもいいので、未来の姿を想像してください**。

ちなみに私は大学卒業後、都銀系投資顧問会社に入社しました。投資顧問会社というのは、お客様の投資に対しアドバイスし、その対価をいただく会社です。当時は「ノンバンク業」と言って、都銀などに就職するのに比べれば世間の評価は低かったものです。私の親の世代からも、決して良くは見てもらえていなかったようです。ではなぜ銀行を選ばなかったのかというと、入社1年目からお金を運用する仕事をしたかったからです。

やりたいことを重視した、この選択は大正解でした。1年目こそ事務部門で伝票の書き方や整理方法などを学びましたが、運用幹部候補生としての同期が2名ということもあって、2年目からは債券運用部で短期の運用などをやらせてもらえるようになりました。23〜24歳という年齢で、いきなり数千億円という単位のお金を運用するようになったのです。その後も3年目にトレーディング部、4年目には外債運用部に配属となり、債券全般を取り扱うことができるようになりました。たった数年で入社当時の願いが叶ったわけです。

一方、大手都市銀行に入っていた大学時代の友人たちは、1年目は自転車に乗って配属先の店舗の担当エリアを回って預金集めをし、2年目以降も上から与えられるノルマを達成するためにいちいち上司の承認を得ながら仕事をしているようでした。数年おきに転勤があるので、職場での人間関係に悩むことが多いと聞かされたこともあります。

もちろん銀行は、ある程度のいわば丁稚奉公のような時代を過ぎると、企業相手に大きな仕事ができるというチャンスもめぐってきます。しかし、とにかくそれまでの下積みのような期間が長すぎるな、というのが実感です。銀行に就職した同期の友人からは、「いつまでこんなことをやらされるんだろう」という不安と不満をずいぶん聞かされたものです。

私の場合はやりたいことに向かってまっすぐに経験を積み上げて行くことができたので、その種の不安などは全く感じることなく、非常に楽しく有意義な毎日を過ごすことができました。

どちらが良い・悪いとお伝えしたいのではありません。ただ、**少しでもやりたいこと、なりたいものがあるのなら、未来の姿を想像して最短距離はどこかを見極め、行動に移すことが大切**だと思います。

自分の足で立てない人が困窮していく時代へ

日本では今、「売り手市場」と言って、大卒の就職率がかなり高い状況となっています。どの産業においても、他国と比べて高い賃金を享受できる環境にあります。しかし今後日本は、確実にこれまでそう信じてきた「大国」というポジションから「普通」の国へと変わっていきます。つまり長期的に見れば、この高い賃金を得られるのは今だけ、と言うこともできるということです。

今、新興国の、世界のＧＤＰに占める割合が半分以上となっています（図2）。世界は先進国から新興国の時代へと移りました。多極化、いわゆる「Ｇゼロ」の時代となり、大きく時代が変わろうとしています。国や会社に依存している場合ではありません。加えて、少子高齢化で国力が落ち着きどころを探っている時代なのです。

では、日本が経済大国から普通の国へと移行する中では、どのようなことが起きるのでしょうか。おそらく明治維新後の武士のように、いきなりはしごを外されて、

図2　世界のGDPに占める先進国と新興国の割合

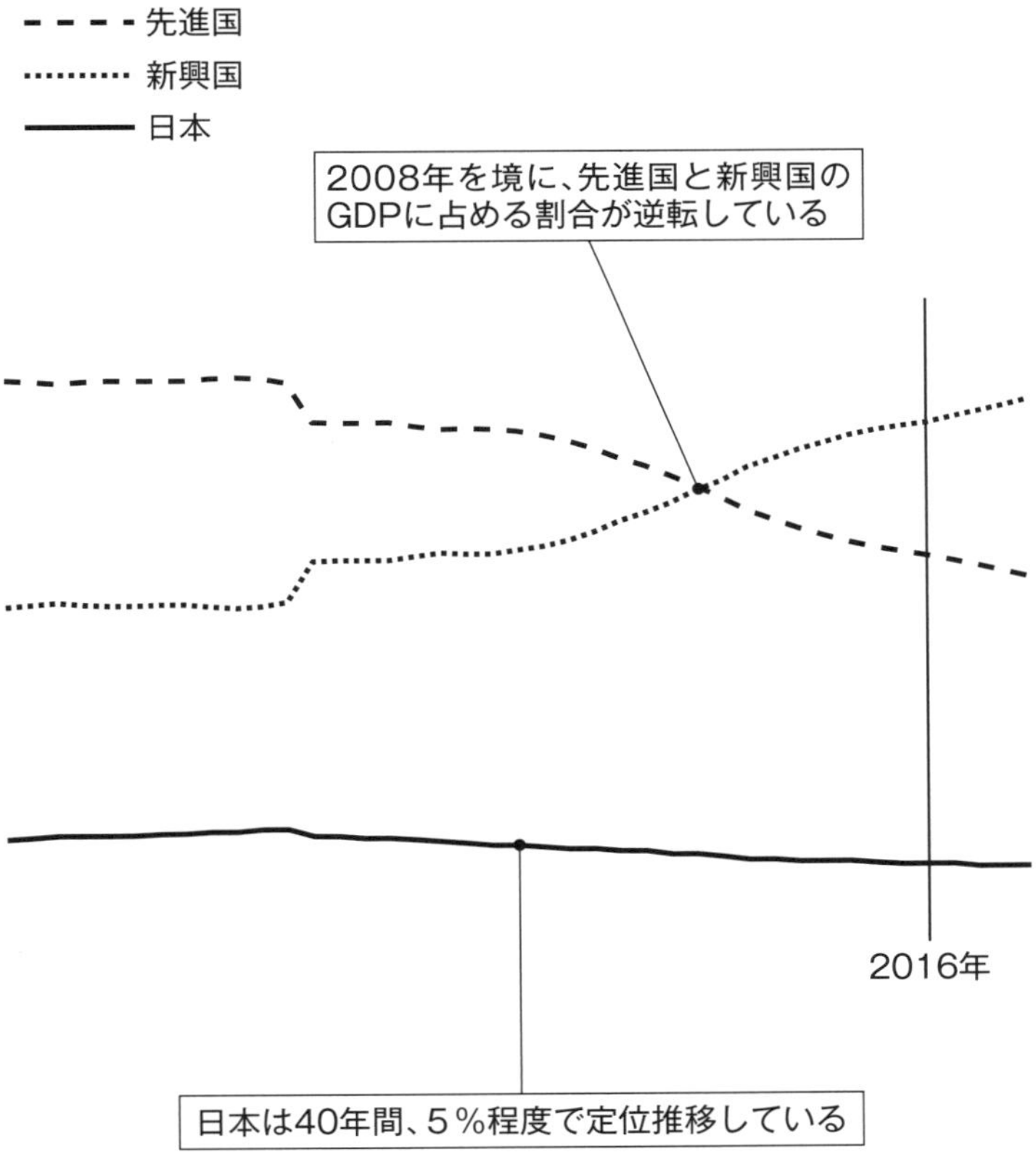

出典:IMF

身分相応のものから実力相応のものに世間の評価が置き換わることでしょう。会社や社会に依存しているような、**自分の足で立っていけない人たちは一気に貧窮していく**ことが予想されます。

財を成す人に共通する3つの条件

では、自分の足で立つとは、具体的に言うとどういうことなのでしょうか。

多極化であるGゼロの時代を見通して、財や能力を培う人を見てみると、共通項があります。それは、**複数の収入源を持ち、複数の言語を習得し、海外でも認められるクオリティの財やサービスを提供できる**という3点です。

今や、国際電話もＳｋｙｐｅを使えば無料でできる時代です。遠く離れた異国にいても、ビデオ通話で話せます。ＳＮＳのチャットシステムがあれば、好きなときに瞬時に意思疎通できる時代となりました。バーチャルリアリティのメガネをかければ、３Ｄの臨場感あふれる会議が可能となり、意思疎通やビジネスのあり方が国境を超えたものになっていくことでしょう。３Ｄプリンターを使えば、即座に思い通りの製品が形となる時代です。言い換えると、24時間をより効率よく使うことができるようになっています。ということは、それらを使いこなせる人たちに大きなチャンスが訪れる時代に我々は生きているということです。

21世紀は国境がなくなり、「フラット化」と言って国同士の格差は徐々に小さくなり、代わって個人の能力が最大限評価されていく時代になっていきます。競争が激化する一方で、方向を間違わずに努力すれば、世界を相手に莫大な報酬を獲得することも夢ではありません。

しかし、間違った方向に努力すれば、当然競争に負けてしまいます。アイデアを出し、サービスや製品につなげる行動を怠れば、賃金は落ちることが当たり前の時代になっていくことでしょう。ライバルが無限に世界中からやってくるわけですから。

アメリカの経済学者であるポール・サミュエルソンが論じていたように、国際貿易が行われる場合、安い値段の製品が志向されていく過程があるため、移民を規制しても賃金の平準化という「フラット化」は避けられません。

安い賃金で安い製品を産み出せる国は、世界でその商品需要を独占して潤っていくことができます。一方、需要を奪われてしまった国では失業が増え、結果的に賃金は下落していきます。

日本が世界と貿易を行っていく以上、どこで働いていようが、国際競争を逃れる術はありません。それが加速する時代、それが多極化世界の持つもう一つの面と言ってもいいでしょう。

会社が倒産しても生き永らえた人とそうでない人の違いとは

世界経済フォーラム（WEF）が2016年1月に発表した分析報告書によると、ロボットや人工知能の進化によって、2020年までに、世界中で約510万人が失業すると報じられています（「AI失業」と呼称しています）。

一方、「ザ・フューチャー・オブ・ジョブス（職の未来）」と題された調査報告によると、2020年までに710万人が職を失う一方、200万人分の新たな雇用が創出されるとされています。

最も影響を受ける業界は医療業界で、次にエネルギー、金融業界が続くとしています。一方、データアナリストや専門セールス外交員など、特定の技術を持った労働者の需要は増えるようです。このレポートの要点は、新興国で安い賃金で働く人々との過酷な競争に加え、ホワイトカラーの職業においてもより過酷な人工知能との戦いが待っているということです。

私はこれまで、金融市場を通して多くの企業の栄枯盛衰を見てきました。思い起こせば、この20年間で、多くの企業や国家が破綻しています。たとえば、四大証券の一角であった山一證券の倒産は代表的な事例でしょう。そして、インターネットテクノロジーなどの技術革新の流れに乗って、流星の如く世界の市場を独占していく企業の隆盛もありました。

その生死を分けたカギは何だったのでしょうか?

それは、**他人に依存せず、自分で考え、行動に移すことができたかどうかという その一点**です。

たとえば、山一證券の倒産劇にもそれは見て取れます。

当時、私が就職した都銀系投資顧問会社と山一證券とは同じ芙蓉グループということもあり、毎日電話でやり取りをしていました。倒産直後に急いで電話をしても先方はパニック状況です。彼らはテレビではじめて自分の会社が倒産したのを知りました。会社からは何も知らされず、昨日が今日に続くと思っていつものように出社したら、突然生活の基盤になる会社がなくなり、家族との大切な生活も壊されてしまったのです。

そして今振り返ると、その後5年続くことになる平成金融恐慌の始まりであったように思います。山一證券倒産劇を聞いて出社しても、息つく暇もなく、3時間で資金決済の期限がやってきます。そして間髪入れずに投資信託の基準価額算出のデッドラインがきてしまいます。もしも資金決済ができない場合には、「キャッシュショート」という未曾有の金融システムショックが起きてしまうことが新人ながら見えてきました。

バックオフィスは私語もなく、不気味に静まりかえっていたことを覚えています。想定外のことが突然起きてしまい、思考停止状態に陥ってしまうと、組織行動ですら麻痺してしまうのです。

結局、山一證券の債券は全額保護ということで金融システムは最大の危機を乗り越えることができました。しかし、本当の危機はこの後やってきます。そして日本の金融システムは、本格的に事態の悪化を迎えることになりました。

山一證券に続いて日産生命保険相互会社、北海道拓殖銀行が倒産。それに日本債券信用銀行、日本長期信用銀行も続きます。護送船団方式といった規制に守られて、安穏としていた金融機関がどんどん倒産していったのです。

当時私は、バックオフィスから異動し、短期資金の運用担当者として国内短期金融市場でのお金を運用していました。銀行債や社債の金利は、倒産リスクを織り込みながら逆に軒並み上昇していきます。日銀も大幅に資金を放出しましたが、途中のパイプに穴が開いたかのように、社債や金融債には流れていきません。「倒産」という全てを失う恐怖を前に、少々金利が低くなったからといってもお金を借りてまで投資をする人はいなくなりました。これが「信用恐慌」というものです。

そうこうしているうちに、お金が流れる血管の目詰まりが原因で、企業倒産が急拡大していきます。借金体質の企業が特にその影響を受けました。そごうや日産、ダイエーなどです。同時にデフレが進行していきます。

こうした構造的な経済の問題の前では、企業の業種や努力というよりは、企業がいくら現金を保有し、いくら借金があるのか、または借金を隠しているのかという財務の問題が重要になります。

このように過去を振り返るだけでも、**調子に乗って借金などせず、財務がしっかりとしている企業を選ぶことの大切さ**が見えてきます。そして、国や産業に甘えていた巨大企業に限って、生産性の足かせとなって企業価値が失われていき、最終的に国や産業の構造と心中していくことになったのです。

改めて、シミュレーション思考をベースに会社を選ぶ重要性を考えてみてください。その企業が今隆盛に見えていても、数年後の価値はわかりません。「大手グループ企業だから」とか「規制に守られているから大丈夫」といった他人依存性が高い価値に基づいてはいないでしょうか。そしてそのことに甘えて、借金を膨らまして財務体質を悪化させている、そういった企業への就職は避けるべきことが見えてくるはずです。これこそ「未来のハコ」を創る際のZ軸にあった、「お金の歴史」を踏まえると見えてくる未来の世界です。

02 シミュレーション思考の核になる「ドライバー」

物事を動かしている「ツボ」を探れ

ファンドマネージャー同士でミーティングを行う際、よく出てくる言葉に、「ドライバー」というものがあります。金融市場の相場を動かしている要因を探るときに「今のドライバーは?」という形で使うのです。

ドライバーとは、「長期間のドライバー」ということであれば、いわば物事の本質と言ってもいいかもしれません。マッサージで言う〝ツボ〟にあたるものです。

私たちの仕事は、このツボを探るべく、「未来の相場でのドライバーは何か?」を正しく特定していくことです。しかし、このドライバーは、あるときは金利、ま

たあるときは原油価格の推移、あるときは戦争というふうに、局面によって大きく変わります。特定するには、かなりの困難を伴います。

だからこそ、腕の見せ所とも言えます。もちろん、コンピューターの分析で特定するやり方もありますが、どうもしっくりこないことが多く、最終的には個人の職人技に頼ることが多いものです。ここに、大きな投資リターンを産む源泉があります。

仮説は「気づきのチャンス」を与えてくれる

ドライバーを特定するうえでは、シミュレーション思考の核である「ストーリー」創作のスキルが大きく役に立ちます。**いろいろなストーリーを創ることができれば、それだけ多くの発見があるから**です。

たとえば相場を見る場合、あらかじめシミュレーションしているストーリーがあれば、AポイントからBポイントへ動くときにどういう事象が起きるのか、そのプロセスを自然とイメージできます。

もちろん、そのプロセスは仮定にすぎません。しかし、その仮定が一つの目安・物差しになって、「気づきのチャンス」を与えてくれるわけです。「市場の動きが、考えたストーリーのイメージとは違うなぁ。今の投資はストーリーに則って行っている以上、投資はいったん手仕舞って様子を見てみよう」などといった形で、次の動きを具体的に考えることができます。そして実際に買いや売りなどの投資行動につなげていくわけです。

こう言うと難しく感じるかもしれませんが、みなさんも自然と日々の生活の中で行っていることです。

たとえば、ある案件について社内で会議を行う場合、「B部長は細かな点を突いてくるだろうから、事前に調べておこう」「Cさんは計画性について突っ込んでくるだろうから、仮のスケジュールを立てておこう」と想像することも、シミュレーションに当てはまります。

起こりうるちょっと先の未来に想いをめぐらせ、実際の行動に移すことがシミュレーション思考の基本です。そしてドライバーとは、その実現したい未来のカギになっている要素を指します。

少子高齢化を事例にストーリーを考えてみる

あらかじめ想定したドライバーをもとに、ストーリーを創っていく方法もあります。このやり方を用いることで、容易にストーリーを組み立てることができます。

たとえば、少子高齢化社会が今後、私たちの未来にどのような影響を与えるのか考えてみるとしましょう。この問題を考えるうえで本質となりそうなドライバーとして、「人口オーナス」を仮定します。

人口オーナスとは、若者などの生産労働人口が、老人などの年金生活者といった非生産労働人口を支えるのに十分な数ではなくなることを指します。

・ドライバーを設定

「人口オーナス」

↓

・そこから予測される未来

国家財政の悪化を回避するために、年金というシステムから、貧富を問わず国民に一定の金額を毎月支給する「ベーシックインカム」というシステムへの移行

↓

・この予測される未来を見据えて行動する

こんなふうにストーリーを組み立てることを習慣にすると、日々、仕事で判断する際などにブレがなくなり、自信を持って行動することができるようになります。

大事なのは、どうやって最適なドライバーを見つけてくるかということです。ですが、そのためにはドライバーの引き出しを数多く持つことが欠かせません。ストーリー創作に向けて引き出しを多く持つためには、日頃から意識して訓練することが必要です。

この次の項目では、ドライバーの引き出しを多く持つためにどうするか、その方法についてお伝えしていきます。

03 ドライバーの見つけ方 〜着眼大局・着手小局〜

「鳥の目」で俯瞰して「昆虫の目」で行動に移す

「ドライバー」とは、お話ししてきたとおり、シミュレーション思考でのストーリーにとってのツボのようなもので、ストーリーを形作る出発点とも言うべきものです。

では、このドライバーはどのようにして見つけることができるのでしょうか。また、どうすれば、ドライバーの引き出しを多く持てるようになるのでしょうか。

これにはコツがあります。それは、「**着眼大局《ちゃくがんたいきょく》・着手小局《ちゃくしゅしょうきょく》**」という考え方です。

これは、もともと将棋の世界から来た言葉です。

「着眼大局」は、物事を全体的に大きく捉えること、また、広く物事を見て、その要点や本質を見抜くことを言い表した言葉です。

また、「着手小局」は、細やかなところに目を配り、具体的な作業を実践することを意味します。まずは全体を眺め、大きな方向性を定めて、そこから具体的な行動に落とし込んで実践していくことを言い表しています。

いわば、**鳥の目で物事を把握し、昆虫の目で物事に取り組むこと**です。

このように柔軟に全体と部分、目的と手段について考えることは、「ドライバー」という物事の本質を捉える意味では非常に有用な方法であると言えます。

着眼大局・着手小局から見た日本の外交

この「着眼大局・着手小局」で物事のドライバーを発見し、ストーリーを創っていく事例として、国内外の政治・軍事・経済の歴史を紐解くことから始めるとよいでしょう。

日本外交の例を考えてみると、この着眼大局はとても重要な示唆を与えてくれます。Gゼロという「ポスト冷戦体制の崩壊」による多極化の世界という、不透明性が世界で増大しているためです。

日本は今、これまでの歴史的事実と地理的・政治的な立ち位置からの大きな転換点に立って戸惑っている状況であると見えます。内政最重視の方針を隠さないアメリカの姿を見るにつけ、今後の日本外交について、対米依存でいいのかどうか自信を持って「YES」とは言えない状況です。

一方、着眼大局で現在の日本を見た場合、地理的な関係性から「朝鮮半島が最も大事なドライバーである」という歴史観に加えて、米露との外交問題へと視野が広がっていきます。

よくよく考えてみれば、東アジア情勢というのは、米露の2大ドライバーで成り立ってきたのが戦後から今に至る姿であり、日中韓というのは悲しいかな、ほとんどその情勢には影響を与えてこなかったと言えるでしょう。

日本にとっては朝鮮半島が最重要問題である一方で、東アジアという広い視点から見れば、米露問題以上に大きな問題はないのです。

たとえば、冷戦時代に中ソ国境問題が激化した時、日本はその対立によって、北海道での軍事的緊張が薄れるなどの恩恵を受けました。

今はその逆で、中露の蜜月によって中国が南沙諸島や尖閣諸島への南洋進出政策をとるなど、日本にとって大きな弊害が生まれてきています。

今のところはまだアメリカの存在が中国の過激な行動のストッパーになっていると言えます。一方、ロシアが欧米と対立する限り、ロシアには、貿易相手国として中国に頼らざるをえない事情が続きます。それはイコール中露の蜜月関係が続くことを意味しています。

それによって中国は、後顧の憂いなく、積極的な外交を展開できる余地を手にしているわけです。従って、中国の過激な動きを抑えるには、ロシアをいかに日本や欧米サイドに引き込むかが鍵になります。

ほかにも、ロシアと中国の外交関係を例に考える場合、ロシアのエネルギー輸出先として、欧州の存在感が高まっているのかどうかを調べることも有用と言えます。欧州の存在感が低くなればその分、ロシアの中国への依存度合いは上昇するわけです。当然その場合は、ロシアという後顧の憂いがない中で、中国の海洋進出が先鋭化していくことになります。

一方、欧米サイドとの雪解けがあれば、ロシアの欧米向けガス供給のシェアはどんどん上がっていくはずです。

ちなみにドイツをはじめとする欧州の主要国は、エネルギーの3割近くをロシアのガスに頼っている状況です。この割合は今年も微増していますが、こうした欧露間での雪解けの状況がより進んでいけば、中国の海洋進出先鋭化は、いったんは落ち着きを見せるかもしれません。こんな風にストーリーを創っていくわけです。

自分の中で葛藤が起こったときはどうするか?

「着手小局」というのは、着眼大局で定めたドライバーが真にドライバーたりうるのかを追求する地道な手段と言えます。

実際にやってみると、ある事柄をドライバーとして軸に据えたとき、自分の中で大きな葛藤と大論争が持ち上がってしまうことがあります。定めたはずの軸が極端に左右にぶれてしまうのです。

その際、パニックに陥って選択を間違わないようにすることが大切です。柳のように左右に揺れつつも、ストーリーに内在する「ドライバー」という本質を軸に、物事に対処していくことが重要となります。

ストーリーを創る人間と持たない、あるいは創らない人間との間には、これからますます大きな差がついてしまうことでしょう。様々な「想定外」の事件が起こり、世界が大きく変わっていく中で、**素早く、かつ正しい対処ができるかどうかは、人生を大きく左右することになります**。「今日の長者は明日の乞食」という可能性は多いにある世の中となるのです。

マイナス金利となり、税率が引き上げられても何ら行動しない人からは、容赦なく富が奪われていきます。そうならないためにも、**ストーリーを組み立て、それに基づいてシミュレーションすることが求められています**。

ストーリーを創るというのは、必ずしも未来を当てるという意味ではなく、くり返しシミュレーションすることが重要です。それによって物事の変化に素早く対応することができるようになるからです。

04

着眼大局・着手小局を資産運用で応用してみる

過去と現在を行き来して物事を見る

大切なことなのでくり返しますが、なぜ「着眼大局」という、鳥の目で物事を見ることが大事かと言うと、そのような見方をすることで、「**最も影響を与えているものを見つけ出すことができるから**」です。そのポイントになるのがドライバーです。ドライバーをつかむためには物事を全体でとらえる能力が必要です。

私の仕事では、マーケットを見る際、今の時点の数字だけでなく、過去何十年かの平均値を一つの基準にしています。大きな長いスパンの中で今の姿がどう見えるかということが大切なのです。国と国が貿易をしていく場合、自国のことだけでな

く相手の国、さらには世界全体のことまで考える必要があります。

資産運用を考えるうえで欠かせないストーリー創り

資産運用についての「ストーリー」創作にあたっても、まずは、大きく物事を捉えることが肝要です。ここでは、最も大きく国際金融市場に影響を与える資産の動きは何か？　と言い換えてもいいでしょう。

それは、「**通貨**」です。

一般の方にはピンと来ないかもしれませんが、円やドルといった通貨そのものに、世界で最も多くの金額が投じられています。その通貨市場の大きさは、株式市場全体の何十倍もの大きさです。当然、通貨市場の動きは、大きなインパクトを株式市場に与えています。

世界の市場には色々なものがあり、多極化というだけあって色々な国にも注意を払わなければならず、一見複雑に見えてしまいます。しかし、まずは通貨市場から考えると、世界経済の推移がよりクリアに見えてきます。

通貨市場の動きを見ていくと、現在、世界の投資や貿易で使われている通貨の6割以上は米ドルとなっています。さらに世界の通貨市場の8割を、米ドルに円、ユーロ、ポンドを合わせた「G4」と呼ばれる通貨が占めており、それらの動きで説明がつく形になります。

さらに、これらG4の通貨が使用されている最も大きな市場は、金融デリバティブ市場で、そこで取引されている商品は通貨・金利デリバティブ商品です（デリバティブ商品とは、原資産の価格を基準に価値が決まる金融商品を指し、株、債券、通貨、金などがこれに当たります）。

その額は600兆ドルで、66兆ドルと言われる世界のGDPの約9倍にあたります。世界屈指の取引額を有するドイツ銀行一行で75兆ドルとも言われ、これはユーロ圏のGDPの5倍という驚愕の数値です。

この金融デリバティブ市場は2000年から急激に伸びていて、それ以前と比較すると10倍に急成長しています。

国内のニュースに一喜一憂しない

私は20代の頃から、ドルデリバティブ市場の中心で国際通貨・金利トレーダーとして仕事をしていたので、金利・通貨デリバティブ市場の数字の動きが、国際金融市場はもとより、国際経済の全てに影響を与えるということをまざまざと見てきました。

このデリバティブ市場が今、世界経済全体に深刻な影響を与えるほど大きくなっています。ソニーの電気製品が売れなくなってきたとかトヨタの車の売れ行きが伸びているなどということは、実は運用の世界では些細なことです。生き馬の目を抜く世界のヘッジファンドマネージャーが最も大事にしている視点は、国内の企業の動向ではなく、**通貨デリバティブ市場でドル需要がどう変化しているか**ということです。

というのも、国際投資を行うにあたっては、常にドル金利の推移を意識して運用を行なっていく必要があるからです。

あなたの資産運用が国内資産で運用されていたとしても、その国内資産の動きは国際金融市場の動きから隔離されることは100％ありません。

外国人投資家が国内市場の動きに大きく影響を持ってきていることもありますが、トヨタのように、国内企業であっても、海外市場を大きな収益源としていることが一般的になっているからです。

国内市場が縮小していくにつれ、この傾向はどんどん拡大していくことになるでしょう。また、年間2000万人もの外国人旅行者が訪れるようになった日本での国内消費活動を、外国人の動きを無視して考えることはもはやありえません。TPP（環太平洋戦略的経済連携協定）を含め、ますます世界経済に取り込まれていく国内市場において、**世界経済を知らずには、ありとあらゆるビジネスができなくなっていく**でしょう。

05 新聞はサンケイビジネスアイだけでいい

数々のストーリーが結果を生み出す

私はこれまで、あらゆる角度からストーリーの創作を行い、ストーリーの分散を行うことで数多くの危機を乗り越えてきました。

２００８年の、いわゆるリーマン・ショックと言われる世界金融恐慌が起きたとき、当時私がいた世界最大の運用会社で運用する１０００弱あるファンドの中で世界第1位の成績を上げることができたのも、シミュレーション思考をベースにストーリーの創出を地道に行ってきたからだと自負しています。

また、いわゆるチャイナショックで大きく揺れた２０１５年においても、中国金融危機をイメージしたストーリーを組み立てて対応していたおかげで、50％（手数料控除前）を超える投資利回りを実現し、世界3位として表彰されました（ファンド評価会社バークレイヘッジ社、2015年度グローバルマクロ運用戦略部門）。グローバルマクロ戦略におけるヘッジファンドマネージャーとしての表彰で、日本人が選ばれるのは珍しいことです。

「フジサンケイビジネスアイ」一誌でも十分情報は仕入れられる

このように投資の世界でハイパフォーマンスの運用成績を上げると、何か特別な情報源があるのではないかと思われることがあります。

しかし、私の情報源は決して特別なものではありません。新聞や週刊誌など、公になっている公開情報がすべてのベースになっています。

もちろん、国際運用が本職なので、英フィナンシャルタイムズやロイターをはじめ、英語での情報収集も当然行なってはいますが、一般の日本人でこれから運用をやっていこうという人は、極論すれば、**「サンケイビジネスアイ」一紙の購読で十**

分事足ります。電子版もあり、便利です。

というのも、「フジサンケイビジネスアイ」の記事は世界の金融ニュースを掲載しているブルームバーグの英語の記事を翻訳して載せてくれていて、それがとても役立つからです。また、紙面量が他の一般紙に比べると少ないのも、世界のニュースをより鮮明に受け取るためには有効です。

新聞の国際欄をほとんど読まないという社会人も結構いるようですが、今の自分には関係がなくても、必ず「未来の自分」には役に立つ情報になります。先ほどの着眼大局で述べたように、**世界を知ることが未来に先駆けて行動するきっかけになってくれる**からです。

難を言えば、この電子記事は保存に向かないということです。

私は普段、エバーノートに記事をとりためているのですが、これがビジネスアイではできません。将来的に改善してくれることを願いつつ、記事をキャプチャして保存しておくなど、別のやり方でしのいでいます。

情報収集は「日本語」で十分

世界を舞台に仕事をしたいと考え、ニューヨークタイムズなどの英字新聞を無理して読もうとする人たちがたくさんいますが、ここに、日本人の非常にまじめな性格が表れていると言えます。しかし、ストレスなく英語が読める人ならともかく、そうでない人は、**情報は日本語で仕入れた方が絶対にいい**と思います。

日本人にとって日本語こそ一番理解しやすい言語です。また、日本語というのは、文字に意味が凝縮されているので、書かれている情報を吸い取るのに適した言葉だと感じています。

英語で読むと、そのこと自体に疲れてしまってその先のアクションに回すべき気力や体力を消耗してしまうという危険もあります。多少の情報の遅れはあっても取り返しのつくものですし、そんなに大きな内容の差があるとは思えません。情報を得ることより、その先のアクションのほうが何倍も大事です。ですから、そこに力を注ぐべきです。

もちろん、他人よりも早いアクションが必要な場合には、海外の情報を誰かが翻訳してくれるのを待つ余裕はありません。その場合にはもちろん、英語で読んで英語で判断して行動を起こす必要があります。

ただ、長期的なトレンドを理解したり、正確な流れを読み取ったりしながら自分の中で情報を咀嚼していくという過程においては、日本語の方が情報を無理なく大量に吸収できて、考える余地を持つこともできるはずです。

06

世界で活躍する人の新聞の読み方

書いてあることを鵜呑みにしない

情報分析という観点から新聞を読むとき、最低限押さえておいた方がいいコツがあります。

それは、**「情報収集として読むんだ」という心構え**です。

ただ漠然と新聞を読んで終わり、というのが大半の人の読み方だと思いますが、ストーリーを創るという観点から言えば、それでは時間のムダと言えます。言い換えると、将来の人生までムダにしかねかねません。

より豊かな人生を作っていくための新聞の読み方としてオススメなのは、記事に

対して疑ってかかるような態度で読むことです。記事に書かれた内容をそのまま信じるのではなくて、**「本当に？」あるいは「どうしてそんなことをするんだろう？」などと問いかけながら読む**のです。そうすると何か引っかかって来るものがあって、それが気づきのヒントとなります。

たとえば北朝鮮がミサイルを撃ったという記事を読んだとしましょう。たいていの人は「怖い国だな」「気が狂っている」「北朝鮮なんて嫌いだ」などと感じると思います。そして、そこで思考を止めて、「はい、次は何？」と、すぐに新たな記事に目を移す読み方をしているのではないでしょうか。しかしここでもっと、「どうしてだろう？」と考えてみてほしいのです。「なぜ北朝鮮はこんなことをするんだろう？」と。もしかしたら、この事件が自分の生活と関わってくるかもしれない、という視点から疑問をもって読むと、さらに興味を持って考えていくことができると思います。

では実際に、なぜ北朝鮮がミサイルを発射するのか考えてみましょう。

国威発揚のためかもしれませんが、主に国内向けということであれば、北朝鮮の困難さが伝わってくる情報として解釈できます。

というのも、軍需産業に傾斜配分している予算の正当性を国内に向けてアピールしているということであれば、今まで通りのやり方では、国民の理解が得られなくなっているほど経済が疲弊していると考えられるからです。

そのうえで、仮に北朝鮮が崩壊した場合についてストーリー化して考えてみることにしましょう。

まず、大量の難民が出ることになります。中国や韓国、そして日本にも流れてくるでしょう。それを受け入れる覚悟はあるのか、ということまで考える必要があります。

次に、朝鮮半島が統一されて中国と手を結ぶ可能性についても考える必要があります。これは、日本にとっては北九州が最前線になるということです。何か事が起きたときには、本土決戦というようなことになってしまう恐れが出てくるのです。

対中バッファ国としての役割を北朝鮮が担ってきた以上、その存在は必ずしも凶ではないという意見も「あり」となります。中国にも韓国にも染まらず、好き勝手にしている北朝鮮という存在のおかげで日本への脅威が和らいでいるのだとしたら、その行為と存在自体が日本にとっての北朝鮮の存在意義であるかもしれません。

もちろん、核兵器の保有やそれによる脅しをかけるような行為は、日本にとっても世界にとっても決して看過することはできません。断じて阻止していかなければならないことです。拉致問題についても同様で、あのようなテロ行為を許すことはできません。

ただ、ハリネズミのような防衛国家としての北朝鮮は、「対中防波堤」としてはその存在意義があるという考え方です。

07

情報をお金に換える！記事を分析する方法

記事と記事のつながりを考えながら読む

先ほど、投資の世界でハイパフォーマンスを出し続けるために、私たちファンドマネージャーは公の情報をもとにしているとお伝えしました。

では、入手した情報はどのように分析しているのでしょうか。

実はその手法についても、取り立てて変わったことをやっているわけではありません。

私の場合はまず、気になる新聞記事の切り貼りから始めます。

次に、切り取った記事の複数のトピックスを結びつけながら読んでいきます。複

数の情報がどういうストーリーで現在つながっているのか、また今後つながっていくのかということを考えるのです。点と点を結ぶイメージを持ちながら記事を読むことで、おぼろげながらも、自分なりにストーリーを描いていきます。ただそれだけを考えながら1日の大半を過ごすこともあります。

自分の創った自分だけのストーリーであるがゆえにとてもエキサイティングですし、この仮説を確かめてみたいという欲求も出てくるはずです。

たとえば、「大手流通会社が世界初のドローン宅配実用化に向けて動き出した」という記事を見つけたとしましょう。別の紙面に、「少子高齢化がますます進んでいる」というものがあったとします。この場合、2つの一見無関係に見える記事につながりはないかと考えてみるのです。

すると、宅配といった力仕事ができる若者の数が減少し、単純労働での賃金が上昇しているといったことがストーリーとして浮かび上がってきます。ドローンのような特異な方法の出現には、従来の方法では対応できない、止むに止まれない事業があるということです。

そういったストーリーの気づきをメモしておき、仮説を組み立てていくわけです。この習慣をつけておくと、メディアが報じたことを鵜呑みにせず、いったん自分のフィルターを通して考えられるようになるため、他の人とは違う結果を出せることができるようになります。

人それぞれのやり方があると思うので、どれがベストというわけではありません。ただ、まず大切なのは、「**情報収集の目的を絞ること**」です。

ニュースは星の数ほどあるわけですから、いちいち追っていては、時間がいくらあっても足りません。

たとえば私の場合は、「長期運用に役立つ情報を追う」と、あらかじめ目的を決めています。そうすれば、刻一刻と動く世界の情報をいちいちおさえる必要などありません。英語版に比べれば若干遅れますが、日本語で書かれた情報に常にアクセスできれば十分です。

08

情報収集に時間を割くより、行動に時間を割きなさい

いち早く行動を起こすことで見えてくるものがある

情報収集に関してみなさんにお伝えしたいのは、「**情報収集に時間と労力をかけている場合ではない**」ということです。大切なポイントは、情報収集そのものではなく、情報分析後の行動にあります。

つまり、**情報を集めた後の分析とドライバーの発見こそが大事**なのです。さらに重要なことは、情報分析に基づいて、**少しでもいいのですぐに何らかの行動を起こすこと**です。

運用をするつもりなら、自分の情報分析に基づいて、少しでもいいので投資を行

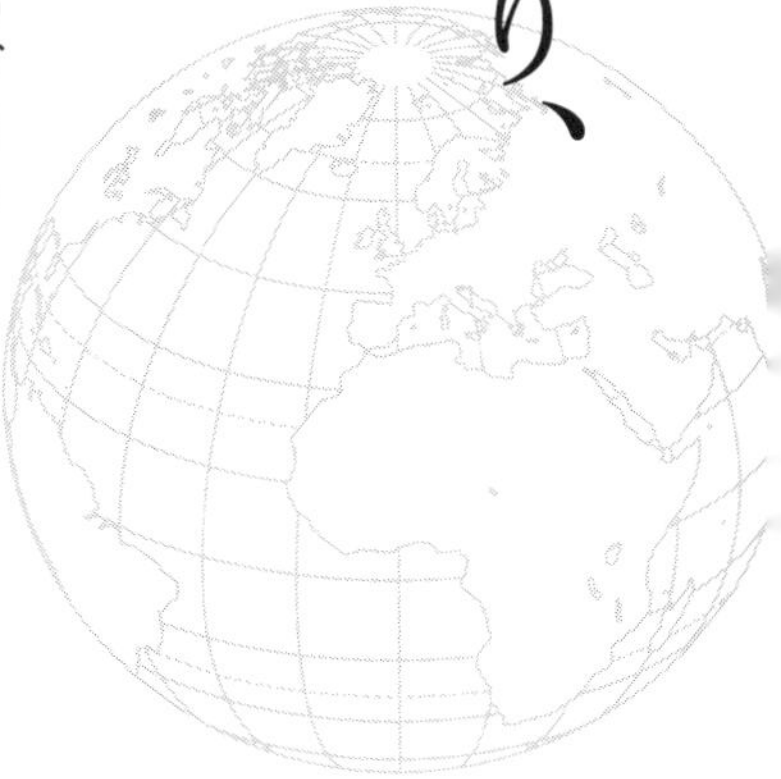

うことです。それによって投資を行う前と行った後では、情報収集にしろ、分析にしろ、真剣に取り組むことができるようになるはずです。

日常生活においても同じことがあてはまります。

たとえば私の場合は、２０１３年に「世界が変わりそうだ」と結論づけ、東京に住み続けることそのものがリスクであると感じました。そしてすぐに、今後の変化の源泉となるに違いない場所を探し、モスクワに渡るという行動を取りました。

実際に行動してみて、やはり渡ってよかったというのが実感です。日本にいては得られない情報も数多くありますし、一度国が崩壊した経験を持つ人たちの話は含蓄に富んでいます。

また、冒頭のロシア資本主義導入の生き字引であるデイビッドや、隣の席で私のファンドのリスク管理をしている核物理学博士で英語や中国語にも堪能な天才であるアレックスとの出会いだけでも、モスクワに来て良かったと感じています。

実際に行動してみて、「やっぱり世界は変わらなかった」と感じることもあるかもしれません。それでも、行動（投資）に移したことでその行動をもたらした考えをより深く、さらに分析しようと思えるはずです。そして、そのことがさらにまた次の行動を生み出します。この連鎖が、人の目には一歩か二歩進んだ情報を持っているかのように見えるのかもしれません。しかし、情報ではなく、次のアクションを起こしただけのことです。

同じ情報源からスタートしていても、いち早く行動に移したことで見えなかったものが見えてきます。言い換えれば、**気づきのチャンスにたくさん出会える**ということです。成功している人たちというのは、この気づきのチャンスの連鎖を得た人だと思います。

情報をキャッチしてからの初動を素早く行って気づきのチャンスを得るためには、それなりの訓練が必要です。多くの人は、行動の後に何が起こるかを予測できないからそこで足踏みしてしまうのです。そうならないために必要なのがシミュレーション思考であり、「ストーリー」創作への弛《たゆ》まぬ努力となります。

ストーリー創りがなぜ大切なのかというと、ストーリーを創り、シミュレーションを行うことが、「行動」につながっていくからにほかなりません。ストーリー創りは、いわば新しい人生という化学反応をもたらす触媒として重要なのです。

09

ストーリーについて人に話し、意見をもらおう

人に意見を聞くことは、客観性を身につける一番の近道

これまで何度もお伝えしたように、ストーリーを創るうえでは、客観的な状況判断をベースとすることが欠かせません。

ところがこの客観性は、自分一人で完結させようとしてもなかなか難しいものです。

まずは思いついたストーリーを積極的に人に話して、他人から意見をもらうようにしましょう。独りよがりにならないように客観的な状況判断を行うには、この方法が最も効果的です。

一人で考えるより、複数の人に意見をもらったほうが、客観的な状況判断を行う際、大いに役立ちます。「忙しくていちいち人と会っている暇はない」と言う人は、同僚と毎日、「こういう記事があったね」と話すこともその第一歩です。

友人に「こんな興味深い記事があったよ」とメールを送るのもいいでしょう。そうすると相手は、「この人はこういうことに興味があるんだな」とインプットしてくれるので、別の機会に関連した話題を教えてくれるようになります。このようにして情報が情報を呼んでくるというスタイルができあがります。

私の場合は、ニュースを読みながら常に「この話は誰に伝えようか」と考えるようにしています。顔が思い浮かんだら、メールでもＬＩＮＥでもいいのですぐに伝えてあげます。相手に気づきのチャンスを贈るわけです。そういうことをしていると、自分にもたくさんの人から情報が入るようになります。

人と会って、意図的に刺激を受ける機会をつくる

人と会って話すことも大切です。私もなるべく時間もゆっくりとって、意識的に質問を受けたり雑談をしたりしています。**こちらからの発信だけに終わらないようにするのがポイント**です。

質問を受け、それに答えるには準備も必要になりますし、忙しいときには面倒に思ってしまいがちなのですが、この質問の中に気づきのチャンスがたくさん含まれていることが多いのです。

質問されることで、こちらも改めて考える機会を得ます。そうして相手を納得させるに足る客観性を探し、手に入れていくわけです。そしてそれを教えることで、自分自身の知識や情報を整理することもできるので、大変意味のある勉強になるのです。

おそらく質問をされる人の方が、されない人に比べて思索の時間も増えるのではないかと思います。人に話すことでより明確な形で頭にも入ってきますし、咀嚼す

るきっかけにもなります。

人というのは（私なんかもまさにそうなのですが）、基本的に怠惰な側面を持っていると思います。だからこそ、他人からの刺激はあったほうがいいように思います。

中には思いもかけない質問をしてくる人もいます。それに対して自分なりの答えを出すことで、自分も成長していくというわけです。いろいろな質問を受けて答える中で、知識も蓄積されていきます。

書店に行くのも、ストーリー創りという観点からは、示唆に富んだやり方だと思います。思いがけない本との出会いがあるからです。それはきっとみなさんも実感されていることだと思います。**意外な出会いによって、様々かつ客観的な視点を手に入れていくことができる**わけです。

10

シミュレーション思考に、「ＰＤＣＡ」は欠かせない

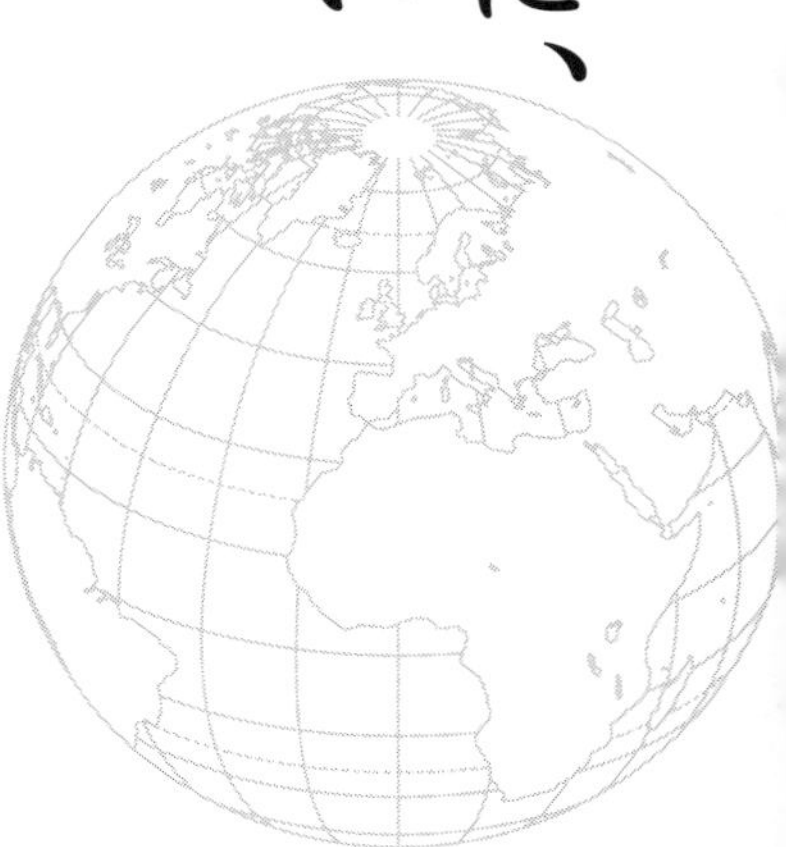

ストーリーを創ったら「実践」で鍛える

シミュレーション思考において、ストーリーを創った後は品質チェックが重要になります。その方法はたった一つ、「**ＰＤＣＡサイクルに乗せる**」ということです。

ストーリーを創って（Plan）、そのストーリーに沿って投資を行うなどの実行に移して（Do）、厳しい現実世界にストーリーを晒してみて、微調整を続けていきつつ（Check）、ストーリーの確かさを常に確認していくこと（Action）。これしかありません。

未来を考えるとき、ほとんどの方は「Plan（計画）」だけで満足してしまいます。

論じるだけで終わりにしてしまうのです。これは評論家によくありがちな態度です。

ですが、大事なのは常に実業家であること、つまり、**行動（Action）を伴うプランであるということ**です。仕事の進め方としてよく言われるＰＤＣＡ（Plan–Do-Check-Action）サイクルは、ストーリー創りにおいても必要な考え方となります。

ストーリーを創り、実際にストーリーを実践によって鍛えていくことです。するとストーリーは進化します。そうして現実世界で鍛えられていくストーリーは、周りの人々も動かす力を持つようになっていくことでしょう。

シミュレーション思考において、ストーリー創りは鰻のタレ創り

ビジネスで何か企画を考えるうえでもこうした方法は極めて有効です。

今は、インターネットで自由に集客できる時代です。３Ｄプリンターで製品を創り、ホームページを立ち上げて世間に訴求することも簡単にできる世の中になっています。ビジネスの立ち上げに要するコストが非常に安く、誰もが世界に何かを発信できる今、実際にアクションを起こす人とそうでない人とで大きく差が出てくる

のは必然と言えます。

私の場合は、ストーリーを創り、投資を行い、損失を出したら損切りし、利益を挙げればポジションを積み増すといった対応で、日々、自分のストーリーを現実世界に晒して鍛えています。

もちろん、その結果の報告は先ほども少しお伝えした通り、顧客レポートや顧客訪問で行います。緊張感を持ってストーリーを慎重に選択し、そして実践し、改良し、これをくり返していくのです。

私の仕事は鰻のタレ創りのようなものです。いい味を残して、悪い味を放出して、新しい味を入れることでベターを追求していく。こうしたプロセスの中で、ベストなストーリーが最終的に残っていくわけです。

今は、否応なく、社会そのものが、大きく、かつものすごいスピードで移り変わろうとしています。くり返しになりますが、ストーリーを持つ人間と持たない人間、または持とうとしない人間の間には、今後もどんどん大きな差ができていくに違いありません。

ストーリーを創っていくのは手間もかかって、難儀かもしれません。しかしそれは、世界が大きく変わっていく中で、物事への素早い対応ができるかできないか、また、正しい対処ができるかできないかという差になってはっきりと表れるはずです。Ｇゼロという多極化世界での競争過多の世界を迎えるにあたって、極めて有用な方法と断言できます。

失敗を恐れてはいけません。よりよいストーリーをどんどん創るように心がければいいのです。

11 シミュレーション思考において、ストーリーは最低5つ用意する

一つしかストーリーがないことほど危険なことはない

ストーリーは多く持てば持つほどチャンスも可能性も広がっていきます。そのためにも、**まずは最低5つのストーリーを描くことを習慣にしてほしい**と思います。できればその5つのストーリーは、各々が影響し合わないもの（非相関と言います）が最良です。

一つしかストーリーを持たないことほど危険なことはありません。そのストーリーが間違っていた場合、未来は真っ暗になってしまうからです。自ら死を選ぶ人に共通する理由に、オンリーワンのストーリーだけを信じて生きてきたことがある

のではないかと思っています。

たとえば、子どもの頃からエリートコースを歩み、灘中・灘高・東大法学部を出て都銀に入る人がいます。しかしあるとき、銀行内での出世コースから外れて地方赴任や他社出向が決まったりすると、それまで描いていたストーリーが突然終わってしまうわけです。一本道しかないため、外れたら落ちるしかありません。お先真っ暗で、もうどうやって生きていけばいいのかわからない、となってしまうのです。

違ったらすぐに別の方向に軌道修正すればいい

このとき、別のストーリーがあれば救ってくれます。未来は一直線の延長にあるのではないということを知っていれば、いくらでもそこから新しい道を歩み始めることができるのです。

現在は、世の中の変わっていくスピードが速すぎるので、一つのストーリーではとても対応しきれません。車があるのに、いつまでも人力車に乗り続けるというのが変であるのと同じ話です。そんなことにこだわっても、誰も得をしません。

大事なのは、**違ったなと思ったらすぐに別のストーリーに切り替えることができるかどうか**ということです。投資の世界で言う「損切り」という行為です。間違えてもすぐに立ち直ることができれば、大きなダメージにはなりません。神様ではないので、常に正しい答えが出せるわけはありません。**正しさを求めるよりも常に立ち直るタフさの方が大切**だと思います。

そうした意味で言うと、くり返しになりますが、ストーリー間には相関関係がないほうがいいのです。一つひとつのストーリに、思い入れはあまり持たないほうがいいでしょう。順位もつけないほうがいいと思います。「どれがいいのかな?」と考えながら手探りで進んでいく、うまくいかないなと思ったら途中でそのストーリーは手放せばいいのです。その手放し方は、ゆっくりでいいのですが、常に行っていくことが大切です。

12 ストーリーが外れたら、その理由を考えてみる

「なぜそうなったのか」を知ることが大切

冒頭でもお伝えしたように、私が日々投資報告を行うお客様は、海外機関投資家から国内の一部上場企業オーナー、個人顧客に至るまで様々です。しかし、みなさんに共通しているのは「ストーリーを本当に真剣に吟味してヒアリングしている」ということです。その気持ちに応えるためにも、ストーリーが外れたら外れたでおしまい、というわけにはいきません。

リターンを挙げられなかった場合、マイナスパフォーマンスという残酷な数字が眼前に突きつけられます。しかし、それで終わるのではなく、なぜそうなったのか

を分析します。そのうえで、その辛い数字を持って、「四半期投資報告」という形でお客様のところに行きます。そして「申し訳ありませんでした。私が間違えておりました。中身を見ると、この投資ストーリーが間違えておりました。一方で、この投資ストーリーが軌道に乗ってきています」と説明（アカウンタビリティー）を尽くすのが私の義務となります。

私のファンドに信頼してくださるお客様のためにも、次のストーリーを創っては投資を続けています。こういうことを地道に20年の間、ずっとくり返しているというのが私の仕事の全てです。

ストーリーに当たり外れもある中で、決して変わらないのは、**説明責任を真剣に尽くし、次の一手を打ち続けること**です。結果、一年を通してみると、毎年プラスのリターンを挙げることができています。今までこの仕事を続けられているのは、このように顧客の信頼に応え続けることができているからだと思っています。

日々、真剣勝負のストーリー創りに関わっている長年の経験を通じて私が思うことは、ストーリーは奇抜なものでもかまわないということです。周りに合わせる必要はありません。

重要なことは、平凡か奇抜かということではなくて、ストーリーのドライバーが客観的な現状認識を満たしているかどうかということです。加えて、そのドライバーを形作ってきたプロセスを示すことができないと、人々の信頼を得られることはありません。

信頼を得られないようなストーリーは投資にもつながりません。ゼロにどんなリターンを掛けてもそれはゼロに変わりはありません。たとえ利益を上げることができたとしても、そのようなストーリーは全く無価値なストーリーと言えましょう。

大切なことなのでくり返しますが、**客観的な理由こそが最も重要になります**。客観的な理由がない状態では、情報としても、ストーリーとしても、全く無価値なものになります。ちなみに、星占いといった類のものが、全くその対極にある「主観的」な理由の代表格のものになります。

13 投資の世界で「ストーリー」を考えてみる

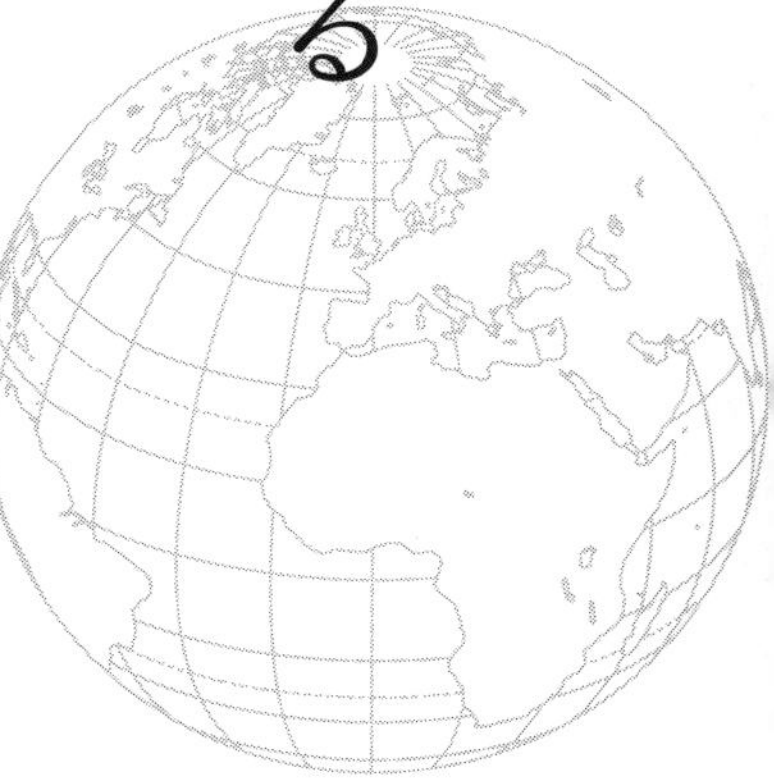

投資シナリオの作成でどのように活用するか

では普段、投資の世界で私がどのようにストーリーを考え、実践しているのか参考までにご紹介します。

たとえば、この本を執筆している最中に、スイスのお客様からこういったメールを受け取りました。

Tadashi hi,

What do you think will happen with the EUR/USD fx rate over the next week or two?

通貨の動きについて、特にユーロ・ドルの動きについてこの先1～2週間をどのように考えているのか？　という問い合わせです。

まずは現状認識から始めます。

5月末時点のユーロ・ドルは1ユーロあたり1.11ドルで推移しています。

ここで、着眼大局です。今の動きというものを無視して、そもそも通貨の交換レートというものは何なのか、現状を捉えます。

①そもそも為替レートとは何なのか？

通貨の動きは、紙幣同士の交換レートに現れます。ここでは、ユーロ紙幣とドル紙幣なので、欧州の物価動向と米国の物価動向がその交換レートの変動に大きく影響を与えることになります。欧米間の物価の先行き格差が、欧米通貨推移予想というストーリーにおける〝ドライバー〟になります。

物価動向は今年、欧州ではデフレ傾向が鮮明化している一方で、米国では堅調な労働市況やエネルギー価格の推移によって物価が上昇傾向にあります。経済用語で「マネーイリュージョン」というのですが、物価が上がるというのは、実は紙幣の価値が落ちていることの裏返しとなります。そうしたことを頭に入れて考えた場合、ドル紙幣はユーロ紙幣に比べて弱くなっていくことが予想されます。また、今後もこの傾向は続きそうだとも言えます。紙幣について考える際には、それを発行する中央銀行について考えることが重要です。

②そもそも紙幣を生産する中央銀行とは何なのか？

ここでは中央銀行の存在を考えます。紙幣を発行している中央銀行の役割には大きく3つあります。

A. 世間の物価を安定的に推移させること、B. 世間の経済成長を安定的に推移させること、C. 金融システムを安定的に推移させることの3つです。

今、BとCについては安定的に推移してきていると言えます。

問題はAです。

欧州のデフレ状況というのは異常値以外の何物でもなく、ECB（欧州中央銀行）はマイナス金利の採用という異次元金融緩和を行っています。この対応が功を奏せば物価は先行き上向き、ユーロ紙幣の価値は相対的に落ちていくことになります。

一方で、ＦＥＤ（連邦準備制度／米国中央銀行）は物価の先行き上昇を懸念しており、金利引き上げによって物への需要を落とそうということで、利上げに前向きな姿勢を示し始めています。

この場合、ドル紙幣は利上げによる物価先行き下落を意識して上昇の気配を見せるという形になります。実際、今までのところ、この３年間はドル高傾向が続いてきたのがユーロに対するドルの動きでした。

要約すると、「今までのところ、欧米間通貨の動きは、物価動向を反映してというよりは、物価動向を反転させたいという中央銀行の意志（ＥＣＢの利下げとＦＥＤの利上げ）を反映してドル高ユーロ安が続いてきた」となります。

ここまでが欧米間通貨動向を取り巻く客観的な理由に基づく現状認識となります。

次に着手小局です。細部を見ていきましょう。

③そもそも通貨取引とはどうやってやるのか?

為替取引と一口に言っても、取引を行うにあたって、色々な通貨を交換していくプロセスがあるわけです。あなたがユーロを売ってドルを買いたいというときに、「はいそうですか、どうぞ」とはなりません。銀行の窓口に行くなり、ネットで取引するなり、全てその交換レートを出すのは銀行になります。

あなたが東京にある日本の金融機関のネット取引を使ってドルを買い入れる為替取引するのであれば、そのプロセスは次のようになります。

日本のネット証券が、日本のメガバンクから、もしくは直接米国商業銀行から、あなたの円を担保にして、ユーロを借りてきます。そして借りてきたそのユーロを、メガバンクや米国の商業銀行に売却して、釣り合う金額でドルを仕入れるという流れになります。

このプロセス、つまり、金融取引を行っている金融システムの中で、お金のやり取りに齟齬《そご》が起きてしまうと、つまり銀行間貸し渋りが起きてしまうと、どれほどＥＣＢが利下げしようが、ユーロ紙幣が市場に行き渡ることがなくなってしまいます。そしてドル対比でユーロが品薄になってしまい、その価値がどんどん高くなってしまうわけです。

または、あなたの円担保の価値が格付け会社によって格下げされてしまうなど、とにかく下がってしまった場合も、あなたはより少ないユーロしか借りられなくなってしまいます。市場では物価動向見合いでユーロが下落するはずなのに、担保として世間で広く使われている円の担保価値が下落することによって、ユーロ取引が滞ってしまうのです。これまた、物価動向のストーリーからくるユーロ安という風には、簡単には動かなくなってしまうわけです。

9・11で本当に起こった話

実際にこういうことがありました。2001年のことです。

当時、私は米銀で通貨スワップトレーダーという仕事をしていました。26歳のとき辞令が出て、国際金融本部があるロンドン支店で半年ほど研修を受けることになりました。

その研修をロンドンで受けているある日のこと、「マネートレーダー（原題・The

Rogue Trader)」という英ベアリング証券を破綻に追いやったトレーダーの姿を描く映画を観ていました。世界から集まっていた若手トレーダーたちも一緒です。その日は2001年9月11日でロンドンはお昼すぎでした。

突然、映画がニューステレビに切り替えられた、そのときがまさにジャンボジェット機がニューヨークの世界貿易センタービルに突っ込む瞬間でした。

そのうち行内放送で、米銀の有名なロゴを掲げたこのビルにもテロリストが突っ込んでくるという避難放送があり、周りは騒然としながらビルから逃げ出していきます。

東京のチームに慌てて電話して聞いたところによると、ドル金利市場が半端なく動き、挙句の果てに東京支店の入っている赤坂パークビルに爆弾を仕掛けられたということで総員退去という状況だったということでした。彼はじゃんけんに負けて1人残ってチームのポジションを整理しなければいけないということで憤然としながら会社にいたわけです。

次の週、一緒にロンドンの研修で学んでいた投資銀行部門のアシスタントマネージャー100人近くのほぼ全員が何の落ち度もないのにコストカットの名目で解雇されていました。私を含む市場部門の20名ほどは全員研修後にも仕事を与えられていません。ドラスティックな外資系の人事制度に驚愕したものです。

私たちがロンドンの米銀支店から逃げ出している頃、ニューヨークのワールドトレードセンタービルにはドル金利の仲介業会社が入居していたこともあり、銀行と銀行の間のドル供給のパイプの役割を果たしていたその会社が突然地上から消滅してしまったためにドル資金の目詰まりが発生していました。

その結果、このような惨事で景気後退が懸念されていたにもかかわらず、米国の短期金利が一気に3％位から10％以上にまで上昇していく局面がありました。

私が所属していた東京支店では、たった数時間で1年分の儲けが吹っ飛ぶほどの損害が出ました。米銀の特性を活かして、外国の銀行にドルを貸してあげるという、ドルの流動性の供給ポンプのような業務が主要業務だったのですが、その日も安くドルを借りて供給していたところ、そのドルの借り入れ金利が急激に高くなってしまったのです。

日本円で何兆円という資金を毎日供給していた私が所属していたその部では、急激な逆ざやで莫大なロスが出てしまい、茫然自失としていました。銀行間の貸し渋りというより、銀行間のお金が流れるパイプが消滅したことによって、急激なドル金利とドルの上昇が引き起こされたのでした。

しかし、米銀の中の米銀だったその銀行は、社会全体の危機であるからこそ、自分を犠牲にしても、金融システムを守らなければならないという判断を下しました。本店に言われる前に躊躇なく、ワールドトップバンクとしての社会的責任と義務を尽くし、果敢にドルの流動性を供給し続けました。

金融システムを守るために、ひいては名声を守るために、民間銀行ながら、損を出し続けながらも、市場の流動性を供給し続けていったのです。

その後、数時間を経て、協調介入と緊急利下げが行われます。ＦＥＤの怒涛のドル放出で、為替先物に内合される金利を弾くと理論的にはマイナス金利にまでドル金利が低下していきました。米銀東京支店の通貨金利トレーディング部は、1年分のロスからたった数時間で、倍返しの1年以上分の利益が出るまでに莫大な利益を上げることができていました。

ただし、大規模な金融ショックが起きてしまったことから、アメリカではその日を境に、利下げに次ぐ利下げが行われていきます。平成金融恐慌時の日本と一緒です。瞬く間にドル金利は1％にまで引き下げられていき、ドルも急落していきました。その過程ではいわゆるドットコムバブル崩壊の影響もあって、株の下落も止まらなくなっていきます。

通常時は、中央銀行の役割である、Aに見られる物価動向とBに見られる経済成長に対応する中央銀行の短期金利への対応が、通貨動向を決定していきます。しかし細部を見るときに、この2001年のときのように、Cの金融システムが安定推移して銀行間の貸し渋りが発生する要素があるのかないのかということは、通貨動向を見る際の着手小局として意識していかねばなりません。

こうして、ユーロ・ドルを予想する際のストーリーを創っていく材料が揃いました。つまり、中央銀行が物価動向に極めて気を遣っている今の状況、すなわち、欧州のデフレ退治という究極の利下げであるマイナス金利政策が欧州で採用されている。従来は、この中銀態度が通貨動向に影響を与えてきた結果のドル高ユーロ安だった。しかし、金融システムを詳細見ていくと、実はイギリスのユーロ離脱の危機を抱えながら信用リスク回避としての銀行間貸し渋りの方向に動いている状況が見て取れる（執筆当時は5月末で6月23日に予定されている英国民投票の前）のと、市場では今後、ＥＣＢが金利を引き下げようとしても、これ以上金利が引き下がりにくいマイナス金利という水準まで来てしまっている、という状況判断に傾いている、という材料です。

結論から言えば、ドル安ユーロ高のストーリーを創りました。

というのは、ドライバーは物価動向であり、その物価動向は、欧州デフレと米国インフレの動きであり、ドル安ユーロ高になるためです。

これに対抗する動きである欧米の中央銀行の動きは、しかし、特にＥＣＢの動きは持っている金融政策というその手段を使い果たしているため、欧州物価のデフレ傾向を止めるには力不足の状況です。

加えて、金融システムに関して言うと、英国の欧州離脱リスクを背景に英銀向け融資を嫌気する銀行間の貸し渋りが顕著になってきているため、ユーロの目詰まりを起こす可能性を拡大させていることに重きを置くことを今回は決定しました。

したがって、英国民投票の２０１６年6月23日に至るこの2～3週間というのは、ドル安ユーロ高を誘発しやすいというストーリーを創って、スイスの投資家に提出することにしました。

結果は、予想時の5月末のユーロ相場は1・11という価格から、2週間がたったときのユーロ・ドル相場は、1・13と2%ほどのユーロ高ドル安となりました。

このように、**客観的事実を踏まえたストーリーを語ると、当たり外れは別として、言語を超えて人々の理解を得ることが可能となります**。そのときにこそ、得てして国際的な大きなお金が動くわけです。大きなお金を動かす人たちはロジックで動くファンドマネージャーであるからです。そして、実際に、市場もそのお金の動きを反映していく形になっていき、合理性を持ったストーリーに沿った動きをすることが多くなっていくことが往々にして起きます。こうしてシミュレーション思考に基づくストーリーが未来として実現する可能性は高くなっていくのです。

まとめ

- シミュレーション思考はいわば「ハコづくり」
- シミュレーション思考においては「地政学」「お金の歴史」「世界に対する好奇心」という三辺が大事
- 「ハコ」にはたくさんの未来図（ストーリー）が格納されている
- 「ハコ」づくりによって得た未来図は、実際の行動によって確度を高める
- ストーリー創りにおいては、従来の一点張りから脱皮し、複数の分散対応で臨むべき

第2章 シミュレーション思考に必須の「お金の歴史」

史上世界最高額の絵画「インターチェンジ(ウィレム・デ・クーニング作)」

「ストーリー」を創り、将来を予測していくためには、客観的な判断材料として「お金の歴史」について知る必要があります。

「お金」は言うまでもなく、今も昔も、多くの人々の行動を形作ってきた大きなインセンティブだったからです。

この章では、様々な国の様々な時代の「お金の歴史」をご紹介していきます。ぜひ、その各々のストーリーの裏側にある、お金を巡る合理性というドライバーに注目してみてください。

「お金の歴史」に関する知識は、未来予測という「ストーリー」を創るうえで、客観性に富んだ要素として、欠かせない土台となるでしょう。

01 ロシアの経済的大混乱から学べるストーリー

お金が紙くずになることをイメージできますか

あなたは今、何か副業や投資をしていますか？　所得は「本業」のみ、資産も「預金」のみということはないでしょうか。

もし、そうだとしたら、今働いている会社が倒産したり、お金を預けている銀行が破綻してしまったり、はたまたお金そのものが世間で通用しなくなったら、どうやって今後の生活を考えていくのでしょうか？　失業保険は期限限定のもので、かつ、金額はそんなに高くはありません。

そう考えると、預金を多く持っているからといって、今の暮らしが、安全で安定

的な暮らしだと思っているのは勘違いなのかもしれません。

もちろん、今までの日本において、会社の倒産や銀行の破綻が起きる可能性はそれほど高くなかったかもしれません。しかし、第1章でも少し紹介したように、多極化世界となり、新興国との競争が激化していく「Gゼロ」となるこれからの時代はそうとも限りません。


たとえば2016年、業績不振に苦しむシャープや三菱自動車といった超大企業が自主再建をあきらめて外国企業の傘下に入りました。また、マイナス金利により、多くの金融機関が苦しい経営を強いられ、地方では銀行の合併が相次いでいます。さらに直近では、ベネズエラなどの国家が財政破綻し、紙幣が紙くずになった例も実際にあります。その代表例が1990年代のロシアでした。

私が現在暮らしているロシアの首都モスクワに暮らす人々は、25年間に2回、大多数が職を失い、紙幣が紙くずになるという歴史を経験してきました。しかも、1991年に国家体制（ソビエト連邦）が崩壊するという大変革を経て、新生ロシアとして再建される様子も目の当たりにしています。

ソビエト連邦崩壊から現在に至るまでにロシアが辿ってきた道を考えるとき、これが明日の日本の姿、つまり近い将来に起こり得る「ストーリー」として私の目に浮かんでくるのです。

チェルノブイリ原発事故が引き金となったソ連の崩壊

お金の歴史について考える前に、ソ連崩壊から現在までにロシアがたどってきた道を簡単に振り返ってみましょう。

旧ソ連に対して、多くの日本人は「怖い」「貧しい」といったネガティヴなイメージを抱いていることでしょう。

意外に思われるかもしれませんが、ソ連が成立した1922年当時、世界に民主的な国家は少なく、社会主義を成立させたソ連は人々にとって「相対的」に民主的かつ豊かな国でした。ところが、自由主義経済の発展に伴い、ソ連よりも自由主義陣営の国々の方が豊かになっていきます。

社会主義とは、「富」というパイを政府が人々に平等に分け与えることで貧困を解消するという考え方が基本にあります。

しかしながら、貧富の格差が数十倍に広がろうとも、全体のパイが相対的に大きくなることでも貧困は解消されます。

戦後の自由主義陣営は、まさにこの方法でソ連を国民生活の質と量で圧倒していきました。私有財産を認め、国民の自発的な経済活動を活発化させることで、国家社会保障の財源を確保・整備が可能となった資本主義国家の国民はより豊かになっていったのです。

こうなると、ソ連の国民にとって、自国は自由主義陣営と比べて「相対的」に貧しいうえに、国民を抑圧する国家だと感じるようになってしまったのです。

そして、社会主義体制を望まなくなったソ連国民が国家体制への不満を爆発させるきっかけとなる大事件がついに起きてしまいます。それが1986年4月26日1時23分に発生したチェルノブイリ原発事故でした。

このとき、チェルノブイリ原子力発電所では、炉心が融解するとともに爆発するという事態を引き起こしていたのです。

それは、炉内の放射性物質が量にして10トン、広島型原子爆弾の400倍もの放射性物質が大気中にばらまかれてしまうという大惨事でした。

当初、ソ連政府はこの事故を隠蔽し、避難措置もとらなかったため、付近の住民は何も知らされないまま、事故発生から数日間を過ごしてしまいます。

しかし、事故発生から2日後、遠く離れたスウェーデンで高線量の放射性物質が検出されたことにより、4月28日ソ連政府は事故発生を渋々認め、国内外で世紀の原発事故が明らかになったのです。

このような大規模な人災を隠蔽しようとした自己保身著しいソ連政府や官僚に対して、ソ連国民の不満は高まっていきます。

従来、溜まりに溜まってきた国民の不満に、着火剤がまかれた状況を危惧した政府は、従来の秘密主義を改め、情報公開（グラスノスチ）を行って、人心を落ち着かせようとしました。ところが、その情報統制解除の姿勢が中途半端なものであったこともあり、逆に政府から人心が離れていく結果となってしまいました。

こうなると、あとは隠しに隠してきた様々なソ連政府の腐敗体制がどんどん明るみになっていく中で、坂道を転がるように、政府の威信が失われてきます。

ソビエト連邦は、チェルノブイリ原発事故発生からわずか5年後、あっという間に終焉を迎えます。米国と世界を二分するほどの大勢力だったソビエト連邦は自壊する形でその69年の歴史に幕を下ろしたのです。

ソ連の崩壊と今の日本の共通点

1991年12月25日、NHKが行った実況中継を記憶している方も多いのではないでしょうか。ソ連崩壊がアナウンスされる中で、クレムリンにたなびくソ連の国旗が悲壮な音楽を背景にしずしずと引き降ろされていくシーンです。

失業はないが、誰も働かない。
誰も働かないが、生産性は上がる。
生産性は上がるが、店は空っぽ。
店は空っぽだが、冷蔵庫は一杯。
冷蔵庫は一杯だが、誰も満足していない。

誰も満足していないが、満場一致で投票する。
満場一致で投票するが、ソ連は崩壊した。

（ソビエト連邦についての小話）

当時のソ連の実情やその崩壊の原因がこの小話に端的に凝縮されています。私の友人である上智大学の安達裕子准教授によると、この小話は、職場の常習的欠勤（社会主義経済の実態）、虚偽報告癖（生産計画達成度の水増し）、モノ不足の経済（恒常的なモノ不足）、コネ社会（必需品の非公式ルートによる入手）、特権社会（不平等感の蔓延）、政治不信（改革への無関心、政治へのあきらめ）を順に表わしているということです。

しかし、「あまり笑っていられないなぁ」と感じるのは、東芝の不正会計事件や旭化成関連会社による不正杭打ち、三菱自動車やスズキ自動車の燃費虚偽報告などの「虚偽報告癖」、正規社員と非正規社員の格差拡大という「特権社会」、「政治へのあきらめ」から来る投票率低下と特定層からの得票で決まってしまう政治など、ソ連崩壊の原因となった社会主義的体質の片鱗が、今の日本の社会に見え隠れしてきているからです。

奇しくも戦後71年目、そして東日本大震災時の東京電力福島第一原発の事故からちょうど5年目を迎えた私たち日本人にとって、同じように原発事故の5年後に起こったソ連崩壊やその後のロシアの政治・経済の足取りから学ぶべきことは多いはずです。

物価が2400倍に暴騰！　ロシアがたどった経済的大混乱

しかし、ソ連崩壊後もロシアの人々の苦しみは続いていきます。

ソ連崩壊後のロシアでは、すぐに市場経済化政策が本格的に導入されました。市場経済化政策というのは、市場が中心となって生産量や価格が決まるようになることで、物の値段は急激に上昇していきます。

また、国営会社の大規模私有化政策が急激に実施されました。これは、額面1万ルーブルの「バウチャー」という切符を人口と同じ1億4800万枚用意して、国民一人ひとりに交付するというものです。

これは2009年に日本でも行われた定額給付金（国民一人に一律1万2000円を支給）のようなものです。お金の代わりに石油会社や製鉄会社などの国営企業の株券を公正・公平に分配したとご理解ください。

ただし、大きな問題が一つありました。それまで共産主義にどっぷり浸かっていたロシアの人々には、株券の意味がわからなかったのです。株式市場もなく、銀行もなく、金融機関といえば郵便局くらいしかなかったのが当時のロシアです。多くの国民が明日の糧と引き換えに、本当の価値の何分の一かでバウチャーを売却していきました。そして、このバウチャーを買い集めたのが、国営企業幹部やマフィア、目端の利く学生などでした。こうして、バウチャーを買い集めた一部の人が国営企業を保有し、最終的には大規模な新興財閥が形成されたのです。

残念ながら、こうした新興財閥の人たちには社会に貢献していこうというモラルが欠落していました。国有財産の大半を有する彼らは大規模な脱税を行っていったのです。

その過程では、当然、国家の財源不足が恒常化していきます。「国有財産の専横」という特権を維持するために政権に近づき、一部の政治家にお裾分けすることでその立場を強化していくという形で、新興財閥による国家資産の脱税、収奪が行われていきました。

失われた財政を補うため、ロシア政府は紙幣を刷り続けるほかに打つ手はありません。その結果、市場に大量のルーブルが出回り、その価値はとどまることなく下落を続け、インフレの進行に拍車がかかることになりました。

ソ連崩壊の翌年である1992年の物価は前年対比で26倍、1993年にはソ連崩壊直前対比で235倍というハイパーインフレーションとなりました。その勢いはとどまることを知らず、ソ連崩壊後5年となる1997年、物価はソ連崩壊直前と比べて何と約2400倍にまで暴騰しました。

預金封鎖に遭った人々が取った行動とは

当然、ロシア経済は大混乱に陥り、1997年夏には賃金の支払いを求めて、炭鉱労働者たちがシベリア鉄道を封鎖、ロシアの広大な領土が数週間にわたって二分されるほどの混乱が起きました。さらに、とどめとして、1998年8月17日、突如、ロシア政府がロシア国債の債務不履行（デフォルト）を宣言します。

デフォルト宣言後、国内銀行は営業停止となり、預金封鎖が行われ、資産はすべて国に没収されました。ルーブルは外国為替市場で大暴落し、その価値はソ連崩壊直前の1ドルあたり1ルーブルから、1ドルあたり2万4000ルーブルに大暴落しました。物価も一気に暴騰し、ソ連崩壊時と比べて実に4400倍にまでなってしまいました。このようにお金の価値が大幅に変わっていく中では、人々の暮らしも大きく影響を受けざるを得ません。

預金が封鎖されたうえに多くの銀行が倒産したため、銀行に対してトラウマを持つようになった人々は、以降、タンス預金と外貨預金と不動産投資にシフトしていきます。インフレが来ても、通貨単位が変更されるデノミネーションが行われたとしても、「価値が目減りしない資産を持つしかない」と考えるようになったためです。

その結果、今に至っても、当時受けたトラウマが人々を支配しています。

ロシアでは銀行預金を習慣的に行っている人の割合は2割程度で、ほとんどの人は給料が口座に振り込まれたら即座に下ろして現金として保有しています。電話料金や公共料金の支払いも、街のあちこちで見かける支払い専用ＡＴＭで現金払いしている姿が一般的です。

また、物やお金の貸し借りなどを隣人や友人と行うなど、人的つながりを重要視することで乗り切る姿が日常化しています。今ではそんなことはありませんが、かつては物々交換が一般的で、労働報酬も生産物での現物支給という時代もありました。

治安悪化、自殺の増加……ロシアがたどった末路

国民の生活基盤も激しく悪化していきます。

このデフォルト以降、ロシアの治安は急激に悪化します。幼稚園や小学校など、夜に人気のない場所は格好の犯罪現場となっていきました。また防犯上、一軒家よりもアパート形式の住居が好まれるようになりました。

停電も日常茶飯事となり、蝋燭《ろうそく》で生活する人々が多くなったため、火事も相次ぎました。

また、薬や医療費がインフレで高騰し、年金生活者の老後の生活は惨めなものとなっていきました。ソ連時代は医療費が無料だったのに比べて、1ヶ月分の年金で薬一箱とパン一斤が買えるどうかという状況だったのです。

絶望した人々のアルコール依存は急激に拡大し、それに伴って自殺も増加していきます。将来の生活を絶望した若者は子供を育てる余裕がなくなり、出生率はソ連崩壊直前で1.73人だったのが、1999年には1.17人にまで激減してしまいました。手厚い医療ケアが難しかったため、新生児の死亡率が西側の数倍となっていたことも一因となり、結局、ソ連崩壊直前の1991年の1億4860万人と比べて、最低時の2006年には1億1600万人にまで人口が減少してしまいました。

男性の平均寿命は1991年の63歳から1994年には一時57.6歳へ低下し、2006年に至るまで60歳を上回ることはありませんでした。2013年には66歳まで戻していますが、同年のOECDの高所得国の平均寿命は78歳です。

このようなソ連崩壊後のロシアのたどった道を、私たち日本人は他人事としてみなしていいものでしょうか。

答えは言うまでもありません。政府の財政赤字が1000兆円を超えると言われ、少子高齢化社会が到来しつつある日本において、ロシアのたどった道は他人事として笑ってすませるようなことではないはずです。

ピンチをチャンスに変えた新興貴族、権利を行使し人気を得た大統領

ここまでソ連崩壊とその後に起こった国家財政破綻に続く悲惨なハイパーインフレを経て、ロシアの人々の生活が激変していく姿をご紹介しました。

このようにソ連とロシアのお金の歴史を垣間見るだけでも、今後日本人が備えるべき「ストーリー」を手に入れることができます。

ここで私が注目してほしいストーリーは以下の3つです。

①ゴールドや不動産はハイパーインフレ時にはあまりインフレヘッジの役割を果たせなかった、という意外な事実（旧ソ連では、偽物のゴールドが出回ったり、泣

く泣く不動産を投げ売りする人がたくさんいたため、値崩れが起きた）
②多くの人にとって、職場や友人などの人的つながりによる物々交換などによる相互扶助が生命線となっていたという事実
③新興財閥を築いた、モラルの欠如した新興貴族（オリガー）の出現

新興貴族たちは自分の頭で考えて、その考えに基づいてバウチャーを買い占めることで、たった数年の間に超富裕層にのし上がっていきました。今でも彼らはロシアの財閥の中核にいて、ロシア経済を動かしています。しかし、モラルに欠けた自分本位な人々がその中核にいるため、社会にそのお金を還元しようという気などさらさらありません。従って、社会インフラ整備に必要な税金が賄いにくいという国家ができていきました。これを変えようと強権を発動してオリガーたちから強制的に資産を剥奪し、国家の財源を確保していったのがプーチン大統領です。

プーチン大統領が国民から長年に亘って絶大な支持を得ているのはこうした事情があるのです。二度とモラルのない人たちによって国を支配されるのはごめんだというロシアの人たちの固い決意の表れでもあるのです。

資本主義は社会に資産を還元してはじめて成り立つ

あともう一つ、私がお伝えしたいのは、**ピンチの際に常識は通用しないということ、そして、その一方でピンチはチャンスでもあるということ**です。

いざピンチとなったとき、誰もが混乱しており、正解やヒントを教えてくれ人はいません。自分の頭で考えることができないと、他人の意見に惑わされてしまいます。自力で踏ん張らなければいけないときにあきらめて投げ出してしまうということにもなってしまいます。

投資も同じことです。他の人が気づかないからこそ、割安に放置されており、買うメリットが出てくるのです。

と言いつつも、人間とは弱いもので、往々にして「赤信号、みんなで渡れば怖くない」というメンタリティになります。相場の世界では、「過去に上がっているものは将来も上がっていくに違いない」と、高値で安心しながら一生懸命に買い進んでいく人々が後を絶ちません。そして、皆で一緒に沈んでいく姿がくり返されています。そうならないためにも、**普段から歴史を研究し、色々なケースをシミュレーションし、想定していくことが変革の時代に飛躍するカギとなる**のです。

そして、くり返しになりますが、最も声を大きくして言いたい大事なことは、稼いだ後、社会への還元を行わないと、社会もあなたももたなくなるということです。

資本主義に必須なことは、資本と勤勉です。勤勉で節約したそのお金を社会のインフラ構築や資本蓄積に貢献していくことでのみ、あなたが生かされている資本主義というのは存続し得るのです。モラルこそが、資本主義の原点であるとも考えています。それを怠ったときに、言い換えるとモラルハザードという状況が起きているときにこそ、国家財政破綻なり、金融システム不安なり、あなたがせっかく稼いだ収益が失われてしまうというイベントがその後に待ち構えています。

オリガー（新興貴族）のように稼げばいいということではありません。その〝使い方〟が大切なのです。

02

中国で起こったバブルから得られるストーリー

運用のプロが注目する〝ある市場〟とは？

前項では、ソ連とロシアのお金の歴史を振り返り、国家財政破綻による紙幣価値の暴落（ハイパーインフレーション）が恐慌をもたらす姿をご紹介しました。

しかし、このような状況はそれこそ60年に一度起こるか、起こらないくらいの稀なケースです。次にご紹介するのは、10年に1回は起こりうる、より一般的な、恐慌や景気後退の姿です。

今、その一般的な景気後退の姿を、日本の隣国である中国に見ることができます。

中国のお金の歴史からは、10年に1回の頻度で訪れる景気後退、すなわち、バブ

ル経済崩壊後に必ずやってくる、「長期に亘る景気後退」の姿をご紹介します。

バブルの最中は、えてして「これがバブルだ」とは誰も思っていないものです。大口の機関投資家は理論値ベースで市場価値を測って運用しているので、現在の状況が異常であるかどうかという判断はできるのですが、それでもこの異常値を発するバブルという状況がいつまで続くかを判断することは容易ではありません。

もっとも、運用のプロである以上、「バブル」という異常事態にあえて乗っていかざるを得ないことも往々にしてあります。その場合、相場から降りるタイミングを見極める力がパフォーマンスに差をつけることになります。

そのような際、私はある市場（マーケット）に注目することにしています。その市場で、史上最高値が続出すると、その後に必ず急激な景気後退が待ち構えているという、極めておもしろい特性を持った市場です。バブル経済がいつ破裂するのかを探るために私が注意深く見守っている市場、それが「海外絵画市場」です。

日本の絵画バブルを振り返る

バブル期にはいわゆる「名画買い」がほぼ必ずと言っていいほど起きています。たとえば、30年前の1986年頃にも海外絵画市場が高騰した時期がありましたが、その仕掛け人は日本人でした。安田火災海上がゴッホの「ひまわり」を58億円という、1987年当時の相場の2倍の価格で落札して世界を驚かせました。

その3ヶ月前の1987年1月、オークション業者のクリスティーズは、「ひまわり」をゴッホの誕生日である3月30日に売り出すとアナウンスしました。1888年12月の「耳切り事件」直前に書かれたものとして現存する6点のうちでも貴重なものとして、当初のクリスティーズでの想定価格は500〜600万ポンド（当時のレートで11億円〜14億円）と見積もられていました。

しかし、3月初旬に別の絵であるジョン・コンスタブルの「フラットフォードの製粉所」を1000万ポンド（当時のレートで23・5億円）でイギリス政府が買い入れるという取引が発生します。「ひまわり」に比べてどう見ても見劣りするこの絵の値段を基準に考えた場合、2000万ポンド（当時のレートで47億円）という金額も視野に入ってきてしまったのです。

誰もが困惑し、緊張と不安の入り混じった中で、オークション当日についた値段が2475万ポンド（当時のレートで58億円）だったというわけです。

その後も絵画の価格は上がる一方でした。1990年、大昭和製紙（現在の日本製紙）のワンマン会長だった齊藤了英《さいとうりようえい》氏がゴッホの「医師ガシェの肖像」を125億円、ルノワールの「ムーラン・ド・ラ・ギャレット」を119億円で購入します。いずれも当時の絵画の最高落札価格を次々と更新するような大きなうねりを感じさせるものでした。

日本が1986年に輸入した美術品の総額は700億円未満でしたが、1990年には6000億円を上回るほどになります。『絵画投資――究極の資産運用法』（増子秀一著）という本まで出版され、一般庶民にまで投資ブームが波及しました。

日本人の好きなシャガール、ローランサンの作品であれば、どんなものでも恐ろしいような価格で販売されました。しかし、絵のことにまるで無知な日本人サラリーマンで埋め尽くされたサザビーズやクリスティーズのオークションは、唐突に終わりを告げます。１９９０年のことでした。

消費者金融のレイクは不動産開発業者に対し、絵画を担保として巨額の貸付けを行なっていたため、債務者が返済不能に陥ると、そうした絵画を抱え込むことになりました。レイクは美術市場最盛期には６０００点にのぼる絵画を所有していたとされますが、最終的には米金融会社ＧＥキャピタルに買収されるという結末で幕を閉じます。

20年経った今、再びの絵画バブルへ

実は、ここ数年、当時を彷彿とさせるようなことが起きています。

２０１４年6月30日、英ロンドンでサザビーズにより開催された現代アート美術品のオークションでは、事前予想を23%ほど上回る約１６０億円規模の商いが成立しました。この日のオークションの目玉であるフランシス・ベーコンの絵画は、彼の恋人であるジョージ・ダイアーを描いた１９６４年の作品です。

1250万ポンドから入札が開始され、大方の予想である2000万ポンドを大幅に上回る2670万ポンド（約46億円）で落札されました。2014年2月にロンドンで行われたクリスティーズのオークションでも、この画家の作品で「話をしているジョージ・ダイアーの肖像」（1966年）が72億円で落札されています。

こうした巨匠の絵にとどまらず、このオークションでは若手新進画家の絵も予想の4~6倍の値段で売買されました。こうした活況は2011年頃から顕著になってきました。これは先進各国で世界同時金融緩和政策がとられ始めた時期と重なります。お金の過剰流動の影響がここにも押し寄せている可能性があります。そして何より、アジアをはじめとする新興国各国の富裕者層がこの絵画市場を押し上げているのです。

その当時の経済的環境や熱狂を映し出す絵画の値段

そもそも絵画とは、絵の具代やキャンバスくらいが本来の価値で、ほとんどゼロコストのものです。ただし、すべてが〝一点モノ〟であるという特徴があります。

言い換えれば、絵画には理論値というものがなく、売買できるタイミングが極めて限定的な商品であり、そのときの経済的環境や熱狂が価値を大きく左右する商品なのです。

2011年に始まった絵画バブルは、ますますその勢いを強めていきます。特に2015年は最良の年だったと言われています。2016年5月現在までの絵画の史上最高額は2015年9月に3億ドル（約330億円）で落札された「インターチェンジ」（ウィレム・デ・クーニング）です。債券運用で定評のあるシタデルというヘッジファンドの創業者であるケネス・グリフィンが購入したことが明らかとなっています。

2位はカタール国立美術館が2015年1月に約330億円で落札した「いつ結婚するの？」（ポール・ゴーギャン）です。3位はカタール王室が2011年4月に約280億円で落札した「カード遊びをする人々」（ポール・セザンヌ）となっています。

現在のところ特徴的なのは、高額落札絵画のトップ10のうち、6点が2015年から2016年にかけて落札されていることと、落札者のうち4点がアメリカ人の

図3　絵画市場における需給曲線

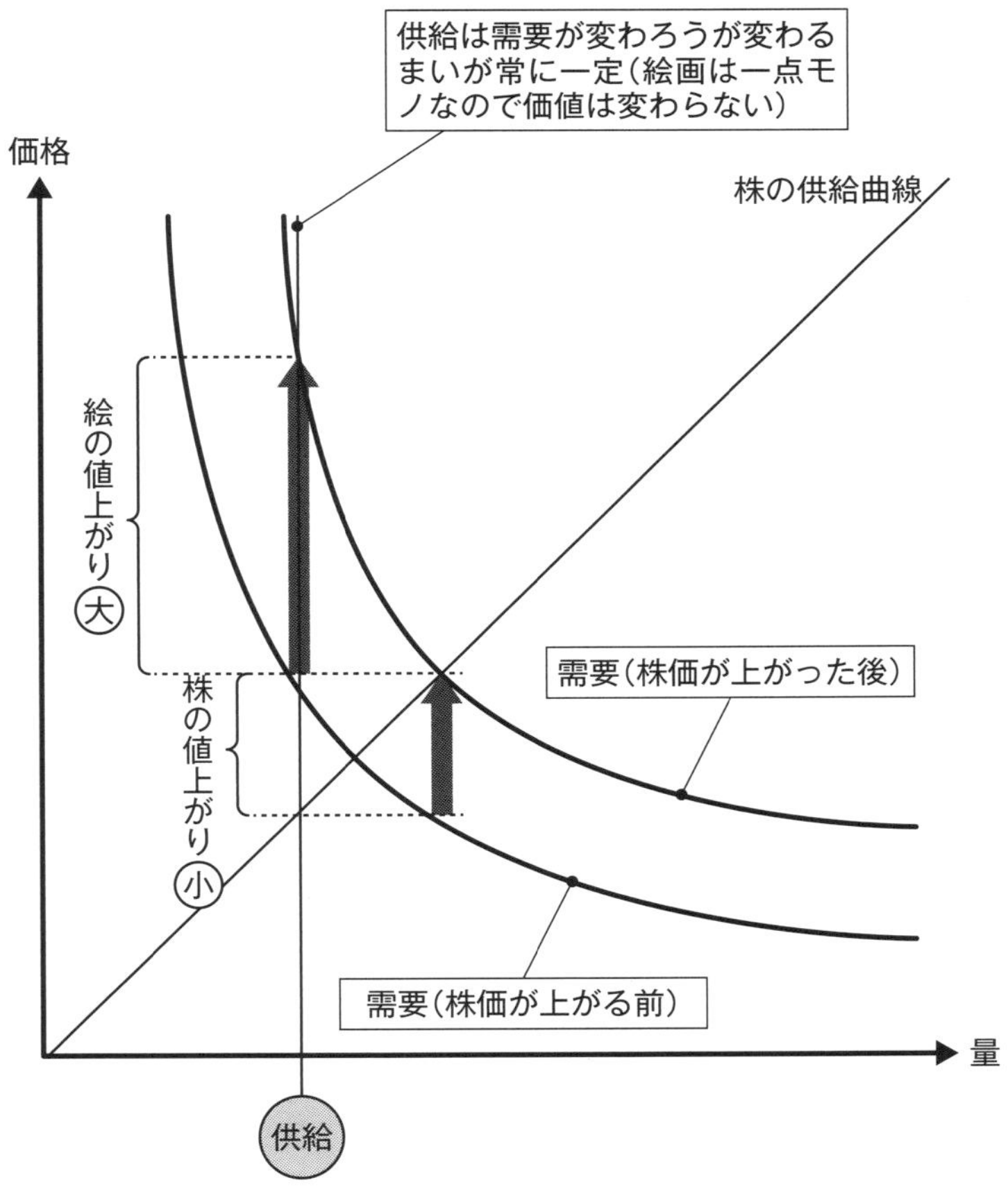

ヘッジファンドマネージャー、3点がカタール王室、1点が中国人ビジネスマン、1点がメキシコ人、1点がルーブル美術館となっていることです。つまり、産油大国が4点、金融大国が4点、中国が1点、欧州が1点を最高値で買い上げたと言えます。

誰もが知る名画というわけではない、現代絵画の芸術家の作品が史上最高額をつけているのを見るにつけ、近年の資源市場と金融市場の熱狂がいかにすごいものだったかがわかります。

現代絵画という価値判断が難しく、かつ歴史の洗礼を受けていない作品群の価格が、新興国の投資家によって値づけされていることを考えたとき、「この状況はいつまで続くのか？」と考えざるを得ません。いや、やはりいつものように終わりが来たようです。

崩れてきた絵画市場

2016年2月3日、サザビーズがロンドンで執り行ったオークションで、12

00万ポンドから1800万ポンドでの落札が噂されていたピカソの作品が950万ポンドと期待値の約半分の値段での落札となりました。結局、総計8370万ポンド（約134億円）の売り上げとなり、総点数の4分の1にあたる作品が売れ残ってしまいました。2015年の同時期の状況と比べるとその変貌ぶりは明らかです。

2016年になってこうした不調が見え始めた原因は、新興国の経済不況にあります。これまでの市場を大きく支えてきたのは主に新興国、特に中国人投資家でした。サザビーズは2014年、10億ドル（約1100億円）以上を中国人投資家に販売しています。

しかし、2016年に入り、中国からの動きは極めて低調になりました。中国株式市場が2015年に大暴落したためです。一部のアナリストからは「中国は、国内不動産市場がまだ活況を呈しているから大丈夫だ」という意見も聞かれます。

ところが現在、中国国内全土では56億平方メートルの敷地面積が建設中であるとされています。半分が商業用施設で半分が住宅用です。ただし、この数字をよく考えてみると、中国国民は13億人いるわけですから、5平方メートルごとに一人という勘定になり、赤ちゃんから老人まで全員が新築物件に収容されてしまうという計算になってしまいます。日本全体の地価で、米国全体の不動産を買収できると言われていたバブル時代のお話にどこか似通っているものがあります。

やはりというか、これまで「買い」を支えていた新興国が売り手に回る中、オークションではなくプライベートでの二者間交渉での売買が前年の倍となるといった変化も見られています。というのはこういうわけです。

「安値で売りたくはないけれど背に腹は変えられない。でも第三者には知られたくない。恥ずかしい」という新興国市場の売り手と、「競争相手が限定的な二者間取引でできるだけ安く買いたい」という買い手の思惑が一致していることもその状況をサポートしているようです。オークションでの流動性が落ちてきたせいで、海外絵画市場では下げのスパイラルが始まっています。

絵画バブルの崩壊はくり返される

まさに「歴史はくり返す」です。「絵画市場では史上最高値が続々と塗り替えられた年から2~3年後に崩壊する」という経緯がおよそ10年の周期で過去にもくり返されています。いずれもその根っこには金融緩和があり、それが不動産バブルを招いた後、積極化する銀行与信によってお金が絵画市場に流れ込み、熱狂に踊らされた素人が絵画市場を牽引するという構図ができ上がるのです。

日本では1980年代後半、政府の積極財政や日銀の低金利政策で、株式や不動産の価格が急騰するバブルが発生しました。土地の価格は下がらないとする「土地神話」を背景に、銀行も土地を担保にした融資を膨らませていきますが、日銀の金融引き締め策や大蔵省（現財務省）の不動産融資規制によってバブルは崩壊、日本経済は20年以上に及ぶ長期低迷に陥ってしまいました。2000年代半ばにも国内外の不動産ファンドが投資を活発化する「不動産ミニバブル」が起きたものの、欧米発の金融危機の余波で崩壊します。

これは、2000年に起きた、いわゆるドットコムバブル崩壊の影響を緩和するために大幅な金融緩和政策が米国で行われたことに起因します。「住宅バブル」が起きた米国では信用力の低い個人向けの住宅ローンであるサブプライムローンが伸び、購買力に見合わない住宅市場の活況が演出されたのです。

バブル時の日本と同じ轍を踏もうとする中国

現在、中国でも不動産バブルが起こっているとの指摘があります。人口ボーナスの消失と農村部の余剰労働力の枯渇によって、中国の潜在成長率が低下してきています。労働投入量と資本投入量と全要素生産性（技術の進歩による生産性向上など）で構成されるのが、潜在成長力の公式だからです。

言い換えると、一人っ子政策などの副次的悪影響のせいで今後の労働力を多くは見込めなくなっている以上、労働投入量を増やすという成長から、技術革新に依拠する付加価値創造に基づく成長への転換が求められているのが中国の現況です。

ところが、投資主導型の成長から消費主導型の成長への転換が求められているにもかかわらず、地方政府は潜在成長率低下の現実を受け入れません。それどころか、いまだに高成長志向が強く、傘下の国有企業を通じて銀行から多額の融資を引き出しては、都市インフラや不動産の開発に投資してバブルを作り出してきている、というのが今の中国経済の裏側です。

図4　中国の株の推移と日本株の推移（直近5年間の推移と1985年からの10年間）

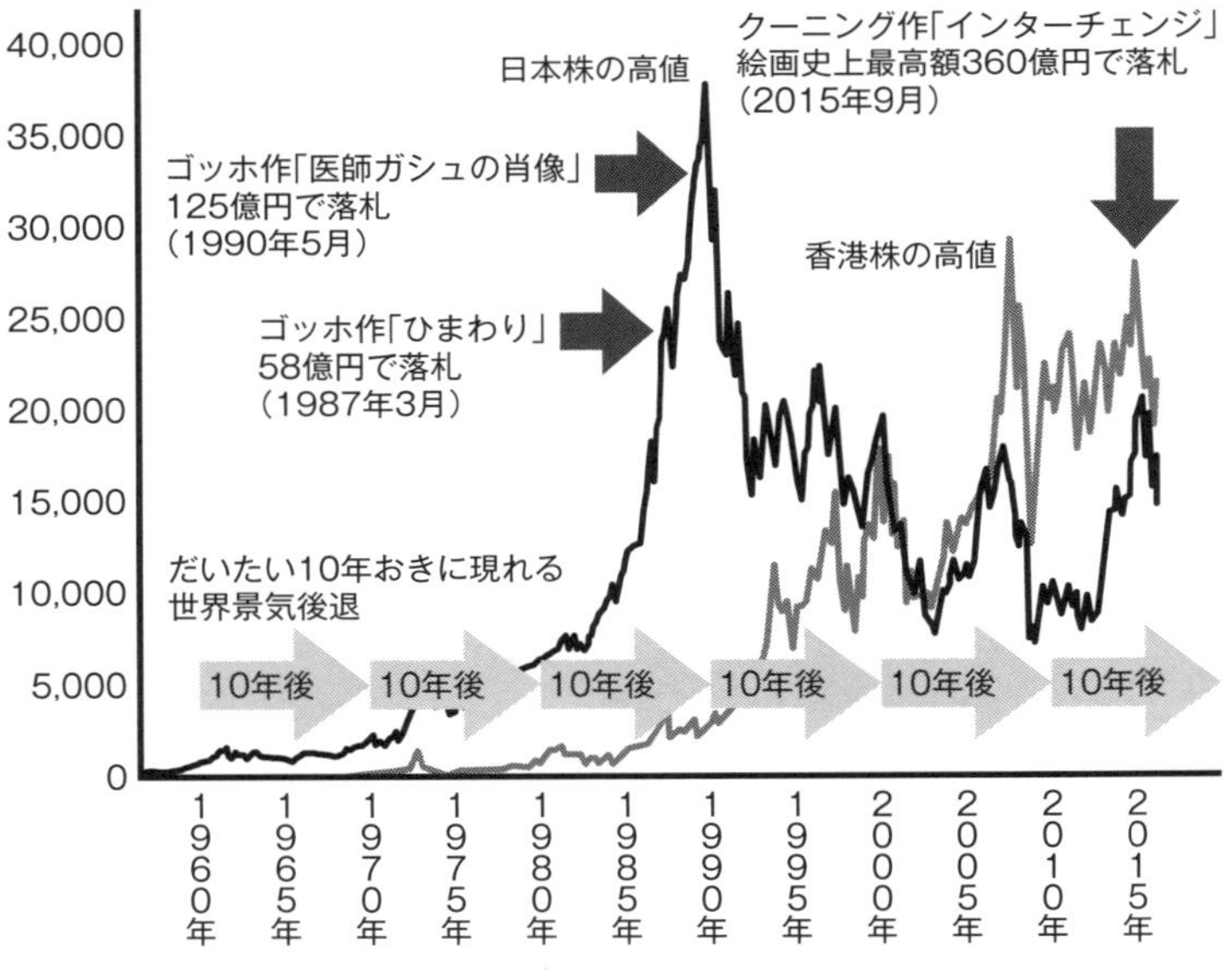

中国におけるバブル形成の背景には、地方政府による土地供給の独占や、間接金融を国有大銀行が支配するといった構造問題があります。しかし、これは1980年代にクレディセゾンが絵画購入資金を貸し出す際に同じ西武グループの西武デパートが絵画の担保価値を査定していたのと全く同じ構図を彷彿とさせます。

中国政府は今後も潜在成長率が低下する中で、バブル崩壊の後始末をし、かつ地方政府や国有大企業の既得権益にもメスを入れなければならない、という難題を抱えてしまっているのです。当然、この処理を推し進めていくと、潜在的不良債権が現実の不良債権化へと転換するため、銀行の資本再構築のための「貸しはがし」が増加していくことになります。

しかし、現在の中国は、不動産の高騰や物価高は抑圧する必要があるので、金融緩和は取りにくい、というジレンマに挟まれて、どうにもならない状況に直面しています。当然ながら、絵画を買い漁っている場合ではありません。

私が声を大きくして言いたい重要なことは、絵画バブルを主導している人たちの中に新顔を見ることができれば、自ずとバブルがどこかのエリアで起きていて、その後の処理には相当長い時間がかかることが自明となるということです。

03
ギリシャの国家経済破綻から得られるストーリー

ＡＴＭの上限額設定は、預金封鎖の始まり？

前項では、バブルが起きている絵画市場の裏側で何が起きているのか、についてご紹介しました。

次にご紹介するのは、膨大な借金を前に、国の再起をかけて動くギリシャの事例です。ここから、日本に将来起こりうるストーリー、そして今あなたが取るべき行動は何かを読み取っていただきたいと思います。

銀行のＡＴＭで引き出すことができる１日あたりの限度額は、どの銀行でもその

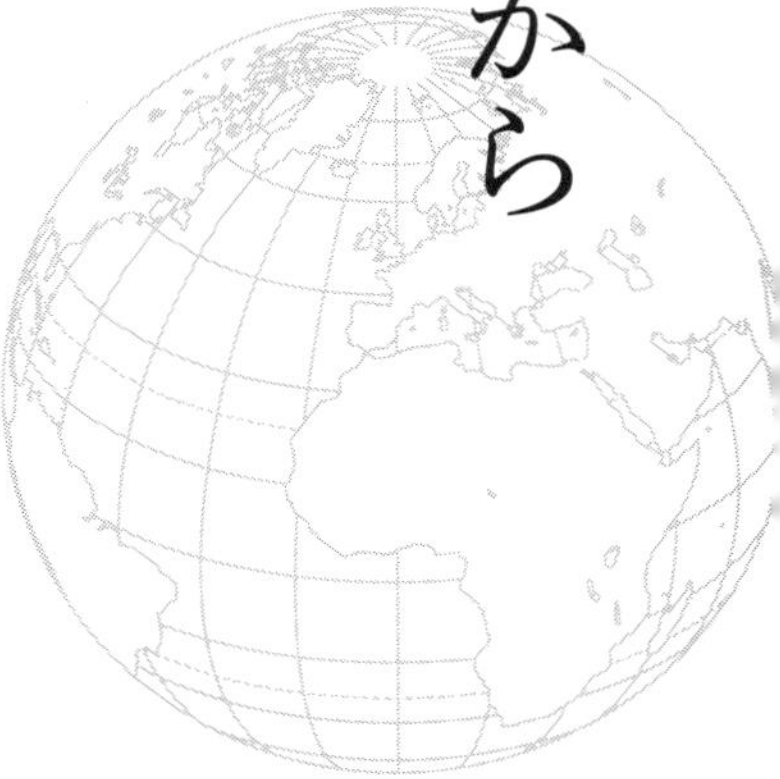

初期設定が50万円に設定されています。金額を変えられるところもあるようですが、「振り込め詐欺から国民を守るため」というお題目で50万円を限度額に設定しているという銀行が多いようです。

しかし、これは結構不便で、手間がかかると嘆かれている人も多いのではないでしょうか。そもそも預金は自分のお金です。「いつでも自由に引き出せる」というルールの下で預けているのが普通預金なのですから、限度額を決めるなど余計な御世話だとも言えます。

ただし、このような上限額の設定を、「預金者ではなく、銀行のため」という観点から考えたら合点がいきます。私は、将来起きるかもしれない「預金封鎖」に慣れさせる準備なのではないかと考えています。

他人事ではない預金封鎖の歴史

預金封鎖とは、政府が預金口座を凍結し、預金に対して税金をかけることを言います。

ある日突然、自分の預金がいきなり国家のものに置き換わっていくほどの莫大な重税をかけた国が過去にありました。銀行が休日である土曜日や日曜日に突然、預金が凍結されることが発表されます。その日のうちに固定資産税が土地評価の90％くらいに一挙に引き上げられて、払うことができない場合は預金を没収して税金を納めてもらうというものです。

ウソのようなこの話は、日本で実際に起きたことです。

戦後間もない１９４６年３月３日、この時点で10万円以上の資産を持っている世帯に10％、そこから累進税として１５００万円以上の資産を持つ世帯には90％の税金が突如課せられました。１５００万円の資産を持っていたとしても１３５０万円の税金がかかることになるので、１５０万円しか残りません。一日にして資産が10分の一になったのです。ほとんど没収に近いと言えます。

そして、同様のことが２０１３年にもＥＵ（欧州連合）のキプロスで行われました。戦後の日本における預金封鎖よりも程度は軽いとはいえ、10万ユーロを超える部分については９・９％、それ以下の小口預金については６・75％が没収されました。

このような過去の歴史から、現在日本の銀行で行われている預金引き出し限度額引き下げは、決して振り込め詐欺対策などではなく、将来起こりうる預金封鎖の予行練習ではないかと私は考えてしまうのです。

「2015年から」というタイミングも引っかかります。というのは、ギリシャで預金封鎖の可能性があったのが2015年だからです。

預金金利がゼロ付近にあって銀行の経営状態が悪いとなれば、預金を引き出そうと考える人が多くなるのは当然です。日本もギリシャと同じく低預金金利で、GDPに対する国家債務の額もギリシャの190％（2015年末）に対して229％（2015年末）と世界のツートップとなっています。

預金を下ろしてたんす預金へ。そういう人たちが日本で出て来ないとも限らないわけです。他人事に思えるギリシャの事件は、知らず知らずのうちに、邦銀による預金引き出し上限の引き下げという、身近な出来事に置き換わりつつあります。そして、ギリシャ債務危機を考えていくことで、今後日本に降りかかってくるかもしれない災難の姿が見えてきます。

ギリシャ債務危機はまだ終わっていない

2015年の夏にギリシャで起こった債務危機は日本でも大きなニュースとなり、新聞やテレビで取り上げられました。「ギリシャ」という歴史も伝統もあるヨーロッパの一国が債務危機に陥ってしまうという事実に驚いた人は多かったことと思います。

一国が債務危機になるというのはどういうことなのでしょうか? ギリシャで起こったことは、他の国でも、そして日本でも起こりうることなのでしょうか? それについて考えることを避けて通ることはできません。

現在のギリシャに漂っているのは、途方もない無力感です。国民投票で何に投じようと、ギリシャ人は今後40年間にわたって国の借金を返すためだけに生きていくしかないのです。

2008年のリーマン・ショックに端を発する世界金融危機以来、自力で借金を返せなくなったギリシャ国民は、ヨーロッパの中に厳然とでき上がった格差社会の底辺として借金返済のために生きていくことを受け入れました。

このいわゆるギリシャ債務問題は、これからの世界に大きな影響を与えていくことになるはずです。ギリシャ危機の再発に関しては、しっかりと予測を立てて今のうちに検証しておく必要がある大切な問題だと思います。

後で私なりの詳細なストーリーをご紹介しますが、残念ながらこのギリシャ危機の問題については2016年の今日、あれからまだ1年しか経っていないのにもかかわらず、話題になることがほとんどありません。それどころか、むしろとっくの昔に終わった問題として処理されているかのようです。

しかし、そんなわけはありません。ギリシャの問題は欧州統合をご破算にする形で再浮上し、近い将来改めて脚光を浴びることになるでしょう。

日本の夕張は未来のギリシャ

実は、私たち日本人はすでにこのギリシャ問題について経験済みで、解決のヒントを多く持っています。そして、その経験から、債務危機を財政再建で乗り切ろうとする場合、想像を超える長い時間と悲劇をその地域に暮らす人々にもたらすことも知っています。

それはちょうど10年前の2006年6月20日に財政再建団体入りを表明し、353億円もの赤字を抱えて事実上破たんした、北海道夕張市の事例です。当時、これは日本中を駆け巡る大ニュースになったものの、夕張市でその後、どのような再建に向けて努力がなされているのか、注目している人はそんなに多くはないようです。しかし、それは実にもったいないことです。夕張市の破たんから現在に至るまでの道のりには学ぶべきことが実にたくさんあるからです。

世界の長寿国の一つである日本の中で、夕張市は最も高齢化率が高い地域の一つです。また、日本は国と地方を併せて1000兆円を超える借金がありますが、夕張市は財政規模から考えると一般財政の8倍もの借金を作り破たんしたという、他に例を見ない自治体です。

夕張市の抱えている課題は、ギリシャの抱えている課題にそっくり重なるものであると同時に、もしかしたら日本全体がいつかは抱えることになる課題であるのかもしれません。

では、夕張市が借金の返済資金をどうやって作り出しているのかをご存じでしょうか。これはある意味、非常にシンプルな方法です。つまり、税金をどんどん引き上げて、住民の負担を全国最高水準にするというものです。重税で市の収入を増やす一方、公共サービスの量・質を、全国の最低水準に設定し、市の支出を減らしていくのです。

これは、夕張市に暮らす住民にとって、めまいがするほどの最悪の方法です。

たとえば、収入源として市税を最高税率にするほか、公共サービスの使用料も引き上げています。そして、市の支出を徹底的に減らすべく市立病院を廃止し、小中学校を極端に統合し、市民会館や体育施設なども廃止、各種補助金の縮小をアグレッシブに行います。もちろん、市も自らの出血を厭わず、一般職員の給与を平均30%カットし、市職員の数も半分以下にまでリストラしています。市民へもこの影響はもたらされており、辺鄙《へんぴ》な場所でケアが行き届かない人たちを市の中心部へ強制移転させることも進められました。住居の選択の自由も奪われたということです。

それらの施策の結果、当然のごとく、夕張市から脱出しようとする人たちが後を絶たなくなりました。主に今後の夕張市の再建を担うべき、若者が逃げて行きました。その結果、市政始まって以来、住民人口が1万人を下回り、日本で3番目に人口の少ない市となると同時に、65歳以上の人口が全体の45％と、日本で最も高齢化が進んだ市となりました。

このように、「縮小均衡」という最悪の事態が夕張市で静かに、しかし明らかに進行しています。若者だけでなく、企業も逃げて行きました。公共投資が極端に減少した結果、市役所の取引業者が市外に移転し、連鎖的に関連業者も市外に移転。２００６年3月末に３１６だった商議所会員は、２０１６年3月末には１５９に半減しています。それに伴って職を失った人たちが市を離れ、過疎化がますます進むというまさに悪循環です。

夕張市の債務返済能力は、国内需要、つまり観光に依存しています。２０１５年のデータによると、観光客が市民の数を上回っている状況です。ただし、当初３５3億円の赤字は、10年経った２１０６年現在でも２５０億円を超す負債が残っており、赤字解消に必須の経済拡大の目処はいまだ立っていません。

以上が、夕張市が財政再建だけを最重要課題として行った策であり、今後20年続く道のりなのです。いわば、財政再建策とは「手術は成功した。しかし、患者は死んだ」という方策と言えます。

ギリシャの将来像がこの夕張の状況に重なります。そして、このような事態が、次にまたどこかの都市で、あるいは国で起こるかもしれない。そういう危機感を感じないわけにはいきません。

ギリシャ危機を演出した黒幕とは

「ギリシャ債務危機」と聞いて、みなさんが想像するのは『アリとキリギリス』の童話ではないでしょうか。怠け者のギリシャ人が身の丈を超えて借金して、遊んで暮らして、高い年金をもらって、当然借金を踏み倒すことになった、という構図です。

重税を課されて、年金は減らされて、国有財産は売却されて、国家としての尊厳を損なわれる状況にギリシャ国民は怒りの声をあげています。「ＥＵを離脱して借金を踏み倒すしかない、それが嫌なら追い貸ししろ」とドイツに迫るギリシャのチプラス首相もギリシャ国民の声を代弁しています。

私たちの中で同情する人は少数派です。むしろ、「自業自得だろ」とか「まるでヤクザだ。モラルハザードも甚だしい」と苦々しく感じているのが、日本人の一般的な姿ではないでしょうか。

しかし、このニュースの裏にある実態は、ギリシャ国民の声がやはり正しいというものです。全く正反対に、「モラルハザード」は、実はドイツなのです。ドイツがＥＵのルール違反を大々的に行ってきたために、ギリシャ人が倒れてしまい、それでもなお彼らを踏み台にしてドイツがＥＵの指導者に成り上がっていくという構図が見えてくるのです。イギリスがＥＵ離脱を決意した背景を理解するヒントがここにあります。

EU加盟のためにギリシャがとった〝禁じ手〟とは

これからお話しするギリシャの債務問題から得られる教訓の結論を先に申し上げておくと、それは「景気循環や構造問題の原因は、決して一国の問題だけで自己完結しているわけではなく、往々にして他国の策略や行動によって生まれてくるものであり、育っていくものである」ということです。そして、「最終的に自国の問題として爆発する」ということです。

ギリシャはそもそも農業立国で、オリーブや綿、葉タバコなどの商品作物の栽培輸出が主な産業です。特に綿は欧州連合最大の生産国で、オリーブも第2位となっています。加えて漁業も盛んで、欧州連合第2位の漁獲高を誇っています。また、観光も大きな産業の柱です。一方で、重化学工業といった大規模輸出産業を有していないギリシャは、欧州域内貿易に依存しています。EUに加盟して通貨を統合すれば、為替リスクもなく、域内の巨大な市場にアクセスできるという利点がギリシャには魅力だったのです。

ギリシャ政府は、EU加盟に必要なハードルとして、「対GDP（国内総生産）財政赤字額が3％以内、債務残高が60％以内」という目標を達成する必要がありました。これを粉飾決算で解決できると手助けしたのが米投資銀行ゴールドマン・サックスです。金融派生商品であるデリバティブを使用して、国を挙げて会計上の数値を不正操作するという、いわゆる〝とばし〟を行ったのです。

数値の改ざんを経て、晴れてEU加盟を成し終え、ユーロを導入し為替リスクがなくなったギリシャへの投資は、ものすごく魅力的なものに見えました。

域内の他国からの工場建設などの直接投資のみならず、高利回りだったギリシャ国債が非常に魅力的な存在として欧州の投資家の人気を集めていきました。独仏などの機関投資家の莫大な量のお金が、高金利なのに為替リスクがなく、国家であるためクレジットリスクもないと考えられていたギリシャ国債に大量に投下されていきました。

みるみるうちにギリシャの国債金利は低下していき、国内銀行のユーロの借り入れも楽になって、ギリシャ国民は非常に低金利でユーロ建ての住宅ローンを借りることが可能となったのです。身の丈を超えた借財である債務の拡大が当然のように行われて、ギリシャ債務の拡大は公的にも民間においても拡大していくことになりました。

独仏のために罪を着せられたギリシャ国民

「それから、先の事は、あらゆるこの種類の話のように、至極、円満に終わっている。即ち、牛商人は、首尾よく、煙草という名を、いいあてて、悪魔に鼻をあかさせた。そうして、その畑にはえている煙草を、悉く自分のものにした。というような次第である。が、自分は、昔からこの伝説に、より深い意味がありはしないかと思つている。何故といえば、悪魔は、牛商人の肉体と霊魂とを、自分のものにする事は出来なかつたが、そのかわりに、煙草は、あまねく日本全国に、普及させる事が出来た。」

『煙草と悪魔』（芥川龍之介）

よく考えてみれば、貸してあげるというのを断るのは、これは非常にタフな自制心が求められる話で、私はギリシャ人にある程度の同情を禁じ得ません。

オーストラリアで今年、銀行が女子学生の銀行口座に間違えて数億円を振り込んでしまい、それを散財した罪でその女子学生が逮捕されたという事件がありました。これに似ているかもしれません。

女子学生の例では、銀行側は踏んだり蹴ったりですが、ことギリシャの例では、同情の余地はほとんどありません。なぜなら、独仏の銀行や欧州の企業も、このギリシャの欧州連合加入によって、貸し出しの拡大と高い利ざやの享受という大きな便益を受けていたからです。

ドイツにとって、ギリシャがＥＵに加盟するメリットというのはこういうことです。

世界貿易において何の競争力もないギリシャがユーロを採用する場合、ユーロの対ドルや対円の価値は落ちていく方向に動きます。ギリシャの低い生産性が混ざることで、全体としてクレジットのより低い通貨ができ上がるからです。

これによって貨幣量を増やしたかのような経済効果が、ドイツやフランスなどの製造業にもたらされます。通貨価値のより低くなったユーロを使用することで、ドイツの輸出産業も価格競争力を回復していくわけです。

また、借金が簡単にできるようになったギリシャなど南欧の人たちを新たなお客さんにして、ドイツは欧州域内にもその輸出を拡大していきます。独仏の銀行も気楽にどんどん対南欧貸し出しを続けます。

為替リスクもなく、貸し出し金利は相対的に高く、「たくさん借りてくれるし、本当にいいお客様だ」となっていったのが独仏にとってのギリシャ人でした。

しかし、そんな時代はいつまでも続きません。ギリシャがゴールドマン・サックスと行った不正会計が明るみになってしまったのです。

２００９年10月、総選挙で政権の座についた中道左派のＰＡＳＯＫ（全ギリシャ社会主義運動）政権が、前政権が財政赤字を少なく見せるように粉飾を行っていたことを暴露したのです。その結果、ギリシャの２００９年の財政赤字見通しはＧＤＰ（国内総生産）の４％弱から12・7％へと修正される大問題へと発展します。

こうして、ギリシャの国債が暴落する引き金が引かれてしまいました。

ただし、過去にも粉飾が同じく明るみになっていたということもありました。2001年のユーロ加盟時に一度粉飾を行っていたことが2004年には明らかになっていたのです。そもそも1999年の第一回加盟時には数値未達でギリシャ一国だけが加盟を拒否されていました。そのギリシャが、わずか2年後の2001年にユーロ加盟ができたというのもそもそもおかしな話です。その後の、一定期間のウィン・ウィンの相互の関係を考えれば、ギリシャのEU加盟は暗黙の了解であったと言えるかもしれません。独仏は手ぐすねを引いてギリシャを待っていたのかもしれないのです。

当初、ウィン・ウィンだったギリシャと欧州連合の関係が、リーマン・ショックで事態が悪化し、独仏だけのウィンを維持するためにギリシャの人々が罪を着せられていくという事態になったのではと私は考えています。

EUの緊縮策受け入れを拒否、そして借金地獄へ

さて、不正発覚後、ギリシャ国債の金利は上がり、国債の価格が暴落します。そ

して、ギリシャ国債を大量に保有するギリシャ国内の銀行の資産が毀損していきます。国内銀行の倒産確率が上昇する中で、ギリシャの国内銀行の国際的な借り入れ金利は上昇し、ひいては国内住宅ローン金利も上昇し、国内外の銀行による貸しはがしも行われました。

当然、ビジネスの運転資金に枯渇していく国内経済は悪化していきます。国も銀行も民間も借金の返済に滞るようになってしまいました。しかし、独仏を中心とする債権団は借金返済延期を許しません。

国の尊厳を守れる程度の生活を維持しながら借金を返済できる程度にまで借金を減免してもらえないだろうかと嘆願するギリシャに対して、「一生死ぬ気で働いて借金の元利を全て返済しろ」と迫る独仏債権団、という二者間の構造が形作られていきます。

もちろん債権団の意見の中にも見るべきものはあります。たとえば、社会保証給付費と公務員人件費が利払い後の歳出の7割を占めていることや、その年金給付水準が現役時代とも遜色のない水準であること、その給付開始の時期が55歳となっていることも身の丈に合わない年金制度であると糾弾されました。また、脱税文化や汚職がはびこっていて、徴税能力の引き上げが課題であると指摘されました。ただ、あまりにも急激な生活の悪化やこうした今までの特権をすべて失うことになる痛みは、ギリシャ国民にとって受け入れがたいものでもありました。

２０１５年7月、ギリシャは国民投票を実施し、ＥＵが求める緊縮策を受け入れないことを決定します。改革についても穏やかに時間をかけて行っていくと宣言しました。これはおそらく「緊縮生活はコリゴリだ」という極限の疲労感と絶望がギリシャの人々を襲っていたからでしょう。

6年間も不況が続き、ギリシャの経済規模は4分の3にまで縮小してしまいました。公務員の人員整理や企業の倒産で失業率は26％に達しました。これ以上年金を減らされたり、消費税が上がったりすれば、「ＥＵに残るか離脱するか」という議論以前に、生活そのものが破綻してしまいます。緊縮策を受け入れても生活は苦しい、拒否しても生活が苦しいのなら、ＥＵに服従する苦しさより、自分たちが決められる苦しさを選択したということになります。

1日1万円以下しか引き出せない生活へ

しかし、この国民投票がギリシャの人々にとって、まさかの惨禍をもたらしていくことなろうとは、当時は想像だにできないことでした。

国民投票での信任を受けたチプラス首相は、ＥＵ離脱と借金踏み倒しをチラつかせながら、ある程度の債務免除をドイツなどの債権者に迫ります。この瀬戸際外交は、ある意味ギリシャ経済や市民生活を人質としたものでもありました。

ギリシャの銀行はヨーロッパ中央銀行からのお金でかろうじて持ちこたえてきたので、これがストップされてしまうと経営が行き詰まり、銀行預金の一部の没収も起こり得ます。

ここに目をつけた欧州の債権団は、預金封鎖の可能性を指摘します。

キプロスで3年封鎖が続いたときには1日1万円以下しか引き出せない過酷な生活が続きました。生活資金の不足が慢性化し、また輸入に頼る燃料や食糧、医薬品が足りなかったり、値上がりしたりしていきました。

キプロスと同様のことがギリシャでも起き始め、その結果、社会には不安が蔓延し、治安も悪化しました。主力の観光産業では、暴動を恐れて旅行や宿泊のキャンセルが増加しました。銀行が休業すると経済の血液であるお金が回らないのでビジネスにも支障が生じます。債権団との交渉の間にも毎日の暮らしそのものへの影響がどんどん深刻なものとなっていきました。

そこでギリシャ政府は対抗策として新通貨の発行を考えます。それは、ユーロ不足に陥った場合の、事実上の「新しい通貨」の発行です。ギリシャ政府が公務員の給与や年金を払うための、政府の借用書のようなものです。

しかし、ユーロ圏に加盟していながら2つの通貨を使うということになれば、当然、EUの中で「ルールを変えてでも離脱させるべきだ」という議論も債権者の間で討議されるなど、ギリシャ追放の動きも欧州各国の間で鮮明化していきました。

欧州主要債権国の強硬な反対意見に、強気一辺倒ではいられなくなったチプラス首相に追い打ちをかけるように、続々と国債の償還期限がやってきます。資金は底をついているので、欧州の債権団からの金融支援が不可欠になっていたのでした。

とうとう、チプラス首相は腹をくくります。国民が国民投票で彼を支持した動機とは真逆の結論を導き、債権団の言い分を満額回答で了承します。ギリシャ国民にとっては驚天動地の事態でした。

ＥＵはギリシャが付加価値税や年金制度の構造改革を行うことを条件に、さらなる追い貸しを合意し、問題をすべて先送りする代わりに、ギリシャの人々は債務減免もなく借金が膨らむばかりとなりました。

彼らの借金は驚異的な金額でその額もどんどん増えていきました。それは、対ＧＤＰで１７８％（２０１５年末）にまで拡大していきます。その額は３１４０億ユーロ（約41兆円）で、１人あたり３８００万円（２０１５年末）です。ちなみに日本は１人あたり９７４万円（２０１５年末）です。

どうやってこのような天文的な借金を返済していくことができるのでしょうか？世界的に競争力のある大きな産業を持っていないギリシャにとって、自分たちの世代だけではどう考えてみても返済不可能な金額です。未来永劫とまでは言わないまでも、何世代にわたって借金返済地獄が続くというわけです。しかし、債権国にとってはどうでもいいことです。

古来、国家財政再建に向けての動きは以下の6つに集約されます。

①徳政令布告による借金棒引き（国家破綻宣言）
②大増税
③硬貨改鋳《かいちゅう》
④専売特許の販売
⑤汚職役人の財産没収
⑥緊縮財政（大リストラ）

ギリシャの場合は、①借金棒引きと③硬貨改鋳ができないので、②大増税、④専売特許の販売、⑤汚職役人の財産没収、⑥緊縮財政で対応していくことになります。特に先行きの見えない中での大増税によって、国から逃げる人が後を絶たなくなるのも当然です。夕張市と同じく、多くの若者が国を離れ、人口がこの10年で2％減ってしまいました。その分、残った人々がさらなる重税と年金支給額引き下げに直面しています。少子高齢化も急速に進んでいます。まさに「人災」とも言える国家存亡の危機はギリシャがＥＵに加盟し続ける限り、言い換えれば、国が滅ぶまで続きます。

イギリスがＥＵ離脱を決意した真の理由

改めて今度はドイツの立ち位置を考えてみたいと思います。ギリシャのような域内劣等国の存在こそがユーロを押し下げ、ドイツにとっては輸出価格競争力を増していく重要なプラス要素になっています。

ＥＵ加盟国は各々の国が不当に労働コストを抑えてダンピングをさせないように、どの国も物価を同じように推移させるという決まりを持っています。

物価の７割以上は賃金から構成されているため、労働組合の活動を抑圧し、移民を積極的に受け入れることで廉価な賃金を可能にすれば、高い競争力を有する廉価の製品を生み続けることができます。

実はドイツはこれに成功しています。というのも、ドイツは労働賃金を不当に安く据え置いているからです。ＥＵ加盟国の中で最も生産性の高い商品を生み続けたドイツの商品だけが域内外で売れていくという構図ができ上がっています。

債務国である南欧諸国の存在で為替がマルクよりも相対的に安いユーロを使えてハッピーなドイツ。その一方で、観光立国のイタリアやギリシャなどはリラやドラクマに比べて相対的に高いユーロに苦しんでいます。まさに、「一将功成りて万骨枯る」という状況、それが今のヨーロッパです。これこそ、イギリスがEU離脱を決意した大きな理由の一つです。

ここまでギリシャの例を使って、骨の髄まで吸い尽くす国家と国家の厳しい関係を紹介してきました。

お金や経済に無知なままではつけ込まれてしまい、あっという間に借金漬けにされてしまうということがよくわかります。その過程にいるときはバブル景気に狂喜乱舞という様相なのが怖いところでもあります。

借金をするときはその意味を「人生」という長いスパンの中でとらえて慎重に考えてみることが重要です。お金に関しては、人間関係も国家の関係も性善説で考えてはいけません。ルール無用とまでは言いませんが、**ルールを悪用する国や会社、人々がこれからの「Gゼロ」という厳しい時代を勝ち抜いていく**ことでしょう。

誰かに支払ってもらえない以上、もはや誰も支払える者はいない

ただし、過度な貸し出しには必ずしっぺ返しが待ち構えています。ドイツにとってもギリシャが死んでしまうと元も子もなくなるのですが、どうやらEUという彼らの黄金を生む鶏を殺すところまで行くというのが今後のメインストーリーとなりそうな予感がします。今は愚行と言われているイギリスのEU離脱への動きも、EU崩壊が予想される将来、大きく評価されるものとなりそうです。

貧乏なら人は品位を保つことができる。しかし、極貧はすべてを徹底的に奪い去る。そして、社会から追放される。

『罪と罰』に出てくるマルメラードフの言葉に付け加えるなら、マルメラードフを追い出して搾取の対象がいなくなった社会も、いずれは壊れていくということです。まさに自壊という忌むべき行為を内合しているのが資本主義と言えましょう。

04 「お金」の持つ本質から得られるストーリー

金貨に代わる新貨幣を生み出した男の功績

ここまでハイパーインフレ、バブル、緊縮財政によるデフレといった、経済の極端な姿を紹介してきました。このすべての事象の根源は何かおわかりでしょうか。

それは「お金」、つまり紙幣（ペーパーマネー）です。さらに言うと、預金にあるデジタルの数字です。となると、この紙幣や銀行預金の仕組みがわかれば、経済の動きをよりよく予想することができそうです。

そこで、欧州史上初めて紙幣を生み出したジョン・ロー（１６７１～１７２９年）の歩んできた道のりを辿ることで紙幣の持つ本質に迫っていきましょう。

「紙幣（ペーパーマネー）とはなんぞや」ということについて、流浪の博打打《ばくち》ちだったジョン・ローは欧州旅行をしながら考えを深めていきました。というのは、欧州の旅行にはいつも重たい金貨を引きずって行かなければならなかったので紙で代用できたらいいなといつも感じていたからです。

その思考は「経済的な付加価値を紙幣はそれ自体で生み出すことができる」「国家の繁栄には紙幣は欠かせない」という考えにたどり着きます。そして、多くの人が納得する合理性も満たすような内容にまで昇華されていたのです。

彼が説明するところでは、お金のやり取りが増えれば増えるほど経済は活性化し（貨幣流通速度の上昇）、その流通を上げることは、取引の際に生まれる摩擦（貨幣保有コストや取引コスト）を抑えることにつながります。

国際間貿易が盛んになっていた当時の大きな問題として、「どんどん物が売れるのに、手元にある硬貨が足りないゆえに在庫を手当てできずビジネスを失う」ということがあって多くの商店が困っていました。要は、物理的に金貨を運んで持ってくることができないためにキャッシュがショートしてしまい、黒字倒産してしまうといったことも多く起きていたからです。

当時、金貨はロンドンで鋳造され、馬車や船で運ばれていくものでした。しかし馬車では、雨などで道がぬかるんで転覆したり、強盗に遭う可能性もあります。また船が沈没したりするだけでも、貨幣量が経済需要に追いつかず、資金のショートで経済恐慌が起こるということが頻繁にありました。

貨幣を貴金属硬貨でなく、紙幣で代替することができれば、そもそも貴金属を輸入する負担もなく、経済変動に即応して、流通するマネー量を調節することが容易になります。

フランスの財政再建の責任者だったオルレアン公は当時、太陽王ルイ14世が残した大量の借金返済に難儀している中で、ジョン・ローのロー銀行という中央銀行創設案に飛びつきます。何しろ紙が金貨よりも重んじられるというのですから。

一覧払いといって、中央銀行に持っていけば、同等の金貨と交換できるという紙切れ（紙幣）は軽いので持ち運びに便利だし、家の金庫に金貨をしまっておくという不用心からも逃れられるということで瞬く間に金貨対比での値段が切り上がっていきました。オルレアン公は調子に乗ってどんどん紙幣を印刷していくのですが、それでも追いつかないほどでした。

当然、経済活動の際の摩擦であった重い金貨のやり取りが紙幣によって低減していくのでますます経済活動は活性化していき、税収も増えていきます。

「紙幣の歴史」からわかるビットコインの持つ意味

何かデジャブ（既視感）を感じませんか。

ビットコインといったデジタル通貨が話題となっていますが、その通貨が持つ本当の意味はこの、「使い勝手がいい」ということに尽きるのではないでしょうか。

貨幣には3つの基本要素があり、それが揃えばどのようなものでも貨幣になりうると言われています。

それは、①価値の交換、②価値の尺度、③価値の保存という、モノの価値への3つの機能を有することです。

ジョン・ローの例では、①の価値の交換の機能が、重いかさばる金貨と比べて非常に便利だった紙幣に与えられたことで爆発的にその使用が拡大していきました。

ちなみに、③の価値の保存というのは、今日のお金の価値が、明日も同じ価値として担保されるというものです。簡単に言えば、劣化しない物質で構成されていれば貨幣足りうると言ってもいいかもしれません。

ビットコインは、新興国の中で人気を集めています。その7割が中国で取引されていると言われているほどです。③の価値の保存の観点から、中国共産党という、時代の遺物が担保するような貨幣よりは、持ち運びが一瞬でできて、世界中の人々によって認められていて明日もその価値が引き継がれていく可能性が、中国元よりも高いというふうに中国の人々には感じられている証左かもしれません。中国がその政治形態を大きく変えていくかもしれない、そんな仄《ほの》かな曙光《しょこう》をビットコインの取引の増大は感じさせてくれます。

紙幣を使っていた時代は19世紀であると自覚せよ

日本はゆくゆくは、超少子高齢化社会が到来すると言われています。いわゆる「2025年問題」です。フクシマ、デフレ、財政不安、TPP、中東騒動、そして非労働人口1人を労働人口1・38人で支えていかなくてはなりません。

不安が渦巻く日々でありながら、何をどうしたらいいのかわからない。情報化社会ゆえに玉石混交の情報が氾濫していて正しい判断ができない。そして、あきらめの境地の中で今も将来も昔と変わらない生活を送っていく。これが多くの日本人が今まさに体験している姿ではないでしょうか。

頼りとする政府、日銀ですら、どうしたらデフレから抜け出せるかがわからず、過去行ってきたことをくり返すだけです。やみくもに金利を下げ続けて、ついにはマイナスまで下げて、まるで機関銃が装備された陣地へ万歳突撃をくり返すかのような動きを取っています。

本章の最後にジョン・ローの話をご紹介したのは、確実に今までと異なる世界が到来している現在において、右往左往して貴重な時間を浪費することのないように、知っていただきたいことがあったからです。

それは「紙幣とはなんぞや」ということです。私たちは超高度貨幣経済世界としての国際金融市場に立脚する超資本主義世界に否応なく生きています。その世界の始まりである紙幣（ペーパーマネー）を理解することなく、今の立ち位置を理解することは不可能です。

これからの世界を生き抜くためには、今の世界の基本を理解しながら、現実感に立脚した対策を立てていく必要があります。その一里塚を一緒に築いていくことができれば、本書を執筆した意味があろうというものです。

ちなみに、紙幣を理解するだけでは、現代社会を理解するのは全く不十分です。よく考えてみてください。あなたが使用している紙幣以上にあなたは銀行預金を持っているでしょうし、住宅ローンなどの借金を預金口座にデジタルで抱えているはずです。

そう、私たちは、「銀行口座にあるデジタル貨幣」ですでにその文明を維持しているのです。紙幣で生きていた時代はなんと19世紀の話です。

銀行預金の歴史が教えてくれる、マイナス金利とその先の世界

2016年1月29日、日本銀行は日本で初めてとなるマイナス金利の導入を発表しました。金融機関は、預金を預金者に返済できるよう、ある程度の量を日銀の当

座預金に預金することが法律で義務づけられています。その銀行の持つ日銀への銀行預金金利をマイナスにすることで、銀行のお金を日本銀行への貸し出しではなく、企業への貸し出しや投資に回すよう促し、経済の活性化やデフレ脱却につなげようというねらいが基本にありました。

しかし、その後の株式市場は銀行株を中心として急落していきました。これは、日本銀行の意図とは異なります。

ではなぜ、マイナス金利により、銀行も預金者もひいては企業も苦しむことになってしまったのでしょうか?

ここで、そもそも銀行のビジネスとは一体何かを考えてみる必要があると思います。

視聴率が20%を超える大ヒットとなったNHKの連続テレビ小説の「あさが来た」にはそのヒントが示されています。

銀行を作りたい、その秘訣を知りたいと考えていた主人公のあさが、銀行の神様と言われる渋沢栄一に教えを請うシーンがあります。

渋沢はあさに尋ねます。「銀行の一番欲しいものはなんだ」と。「お金」と答えるあさに対して渋沢はそれは違うと答えます。答えは「信用」でした。銀行のビジネスモデルの基本はこの信用を創造することです。

信用創造のその仕組み

信用を創造するプロセスは次の通りです。

たとえば、企業Aが1万円を加野銀行に預けるとします。準備預金率が10％であるとき、1000円を日銀に預け、残り9000円を加野銀行が別の企業Bに貸し出すことができます。企業Bは事業に投資するまでの間にその借り入れた9000円をそのまま加野銀行にあるBの銀行口座に寝かしておくことになります。そうすると、あさは9000円の10％の900円を日銀に預け、残りの8100円をまた別の企業に貸し出すことができるようになります。

こうして最終的に加野銀行は、1万円の預金から累計10万円（1万円÷準備預金率10％）の貸し出しを創造することができることになります。これを信用創造と言って、銀行のビジネスの根幹となります。

タンス預金というのは、この銀行の信用創造の源を奪っていくことにほかなりません。だからこそ、マイナス金利後に銀行から預金が引き出されてタンス預金が拡大したことによって、経済活動が停滞していったのです。

「お金が欲しい」と思う3つの動機

私たちは、常に「お金」を欲しがっています。もっとお金があればいいのに、と思ったことのない人などいないのではないでしょうか。では、私たちは何のためにお金を欲しがっているのか？　その動機は大きく3つに分けられるでしょう。

1つ目は、今、何かしらのサービスや商品を購入するためという「**取引動機**」です。服が買いたい、ケーキが食べたい、レストランで食事がしたいといった日常生活の中で抱く欲望を満たすためのお金ということです。

2つ目は「**予備的動機**」です。これは将来において何かサービスや商品を購入するためにお金を保有しておこうというものです。来年には引っ越ししたいからその資金を貯めておく、結婚式までに300万円貯めたい、海外旅行をしたい……といった将来の目的のためのお金です。

3つ目は、「**投機的動機**」です。将来何かの金融資産に投資するのに備えて、今のところはお金（＝貨幣）という流動性の高い資産で保有しておこうという考え方によるものです。

昨今はゼロ金利やマイナス金利のご時世です。これはつまり、誰もが受け取ってくれる容易さという観点から見た時に、一番使い勝手のいい「現金」という貨幣を保有する動機が高まっているということです。

ゼロ金利政策のもとでは、現金に対する需要は理論的には無限大になります。プラスの金利であれば現金は預金され、銀行から貸し出しという形で、企業の設備投資などに資金は配分され、その結果、直接・間接的に市場にプラスの収益をもたらすという流れができるのですが、ゼロ金利の世界では生産の向上に役立たない貨幣の形で資金が保有されることになります。

もっと極端な形で言えば、マイナス金利を預金につけられるくらいなら、タンス預金にしてしまおう、ということです。これは、日本経済が1990年代後半にも陥ったことのある「流動性のワナ」とも呼ばれる危機的状況なのです。

タンス預金が増えると、銀行システムに流れるお金の量が減っていきます。その場合、銀行が貸し出す能力の源が減少していくことになるため、景気後退の流れを作ってしまいます。実際、日本で今年2016年1月にマイナス金利が導入されると、株式市場は銀行株を中心として急落してしまいました。信用創造の源である預金が減っていくこと自体が企業への貸し出しを増やす云々以前の大問題だったことに、日銀の黒田総裁は気を払っていなかったということになります。日銀の政策ミスが今回のマイナス金利ショックを国内金融市場にもたらしたのです。

預金を減らすことは銀行の死活につながることは理解できたと思います。上記の信用創造の逆回転が起きて、預金が10％減ると預金総額にあたる額の貸し剝がしを行うことが要求されるからです。逆に言うと、預金を増やすことができれば銀行は色んな災難を覆い隠せるはずなのですが、銀行にとってはマイナス金利政策によってその方法も取り難くなっているのです。

300年前のフランスと現在のマイナス金利下の日本の共通項

今後、マイナス金利の世界で何が起きていくのでしょうか？

ほぼ間違いなく、徐々に預金が減少していき、銀行の体力が徐々に蝕まれていくでしょう。そしてそこから生まれる利益の穴埋めに、無理な預金集めや無理な貸し出しを行っていくことに邦銀は傾斜していくでしょう。

私はマイナス金利の世界のその後がまさに300年前のフランスでの出来事に重なって見えています。無理な貸し付けが行われつつあることを耳にすることが増えているからです。ドイツがギリシャに積極的に低利で貸すようなものです。

会社員がアパートの一棟買いを全額銀行からの借り入れで行っている例など枚挙がありません。昔はありえなかった話です。投資用不動産物件への貸付が満額回答で変動金利で0・6%となれば積極的に借り入れを行おうという素人不動産投資家が雨後の筍のように出てきてもおかしくありません。

銀行借り入れ手数料300万円ほどを払えば、6000万円を借り入れることができ、5～6％で投資リターンが「回れば」この投資金額300万円は1年で回収できるというものです。もうこの会社員は不労所得をエンジョイできるセレブのような資本家気分です。

しかし、金利が上がるとどうなるのでしょうか？　店子がいなくなったら？　色々なリスクが生じるのが投資の常です。そのときに追加コストをカバーできる預金なり現金を持っていないと、そこで待っているのは窒息死です。そして、貸し出し側の銀行も返り血を浴び、不良債権処理で資本が毀損し続けるでしょう、8％の自己資本比率を維持することが求められているメガバンクであれば、その12・5倍（1÷8％）程度の貸し剝がしを行うことが求められます。当然景気後退は進化していくことになります。

儲け話をでっち上げて紙幣の需要を増やしたロー銀行

300年前のオルレアン公とジョン・ローに話を戻すと、保有金貨以上に紙幣を擦りまくったロー銀行では、それを隠すために、アメリカのミシシッピー開発という架空の儲け話をでっち上げて紙幣の需要を増やすことで対応していきます。ところが、ミシシッピーの開発に行くと市内を行進して船出しているはずの植民人たちがパリ市内に舞い戻ってきている姿が散見されるようになると、政府に騙されたと感じる人たちが、紙幣を金貨に代えようと、ロー銀行の前に行列を始めます。史上初の取り付け騒ぎです。もちろん、ロー銀行に金貨はありません。

こうして、後にミシシッピーバブルと言われる紙幣の誕生に端を発した信用創造とその信用バブルは大音響を立てながらその終焉を迎えました。

300年前のロー銀行の例と現代の日銀の例での共通項は、**預金の引き出しとそれに伴う信用創造の逆回転する世界です。**

マイナス金利のその先の世界

ここでマイナス金利について、改めて考えてみたいと思います。マイナス金利が導入されるということは、預金に金利が付与されず、逆に元本が毀損していくということです。

これによってタンス預金が急増、理論的には、この10倍以上が、デジタルで保存されている銀行口座から現金化される可能性があります。そのために現在最も投資されている国債が銀行によって売却される恐れも出てきました。

このことは、格付け会社からすでに指摘されていることでもあります。国債の価値の下落による、実質金利の上昇につながってしまうために、経済行動が落ち込み世間ではさらに物価下落が進む可能性すらあります。

そもそも、金利はゼロが下限でマイナスにはならないというのが一般的な考え方でした。しかし、現実にはマイナス金利はこれまでも観察されています。

2003年の6月、平成金融恐慌時のドル調達に伴うマイナス金利円貸し出しがそうでした。ドル調達側は、ドル利払いに加えて担保として差し入れた円にも利払いを迫られました。邦銀のデフォルトを恐れた外銀がドル貸し渋りに走り、対する邦銀は円を担保に巨額のドル調達を行ったため需給が急速に歪んでしまったのです。つまり、**マイナス金利というのは非常時の異常事態**と言っても過言ではありません。

マイナス金利のもとでは、銀行はできる限り預金の受け入れを拒否するようになるでしょう。資金を受け入れても、お金を借りてくれる人も会社も、運用先もないからです。また、銀行支店維持のコストが銀行の収益を圧迫するため、支店のリストラが継続して実施されていくでしょう。

実際に、マイナス金利が導入されたフランス、ドイツでは大手銀行の大規模リストラが相次いで行われています。預金者の方も預金の利子がほぼゼロで銀行の倒産リスクが高まるのであれば、預金を引き下ろしてタンス預金を増やす方向に動くことになります。その結果、マネーストックが大幅に縮小し、信用収縮が急速に進んできているのが現在の欧州の姿です。早晩、日本でもそういった姿が見られていくことになるはずです。

まとめ

- ハイパーインフレになると、外貨以外の価値は大幅に低下する
- 信用に基づく経済的なバブルは、ほぼ10年周期でやってくる
- 信用バブルがどこで起きているかは、海外絵画市場を見ればわかる
- ギリシャ危機では制度的に仕組まれた貧富の格差が露呈した
- 過度な緊縮財政は単に縮小均衡を招くだけ
- 1のタンス預金は12・5の銀行貸し剥がしを産み、マイナス金利政策は機能しない

第3章

シミュレーション思考に必須の「地政学」

クリミア戦争当時の要塞砲（クリミア半島セヴァストポリ市にて）

この章では、未来を描くうえで必要な柱となる地政学について、アジア、ロシア、ギリシャの視点からお伝えしていきます。

私が3年前、ロシアに拠点を置いたのは、「地政学リスクの高まり」を受けてのものでした。地政学リスクとは、ある特定地域が抱える政治的・軍事的・社会的な緊張の高まりが、各国の地理的な位置関係により、その特定（関連）地域の経済、あるいは世界経済全体の先行きを不透明にすることを言います。

日々私が入手している国際情報、そして地政学の観点から国家間の関係を見ていくことで、これから日本に起こりうる未来について考えていきたいと思います。

01 日本人として知っておきたい「地政学リスク」

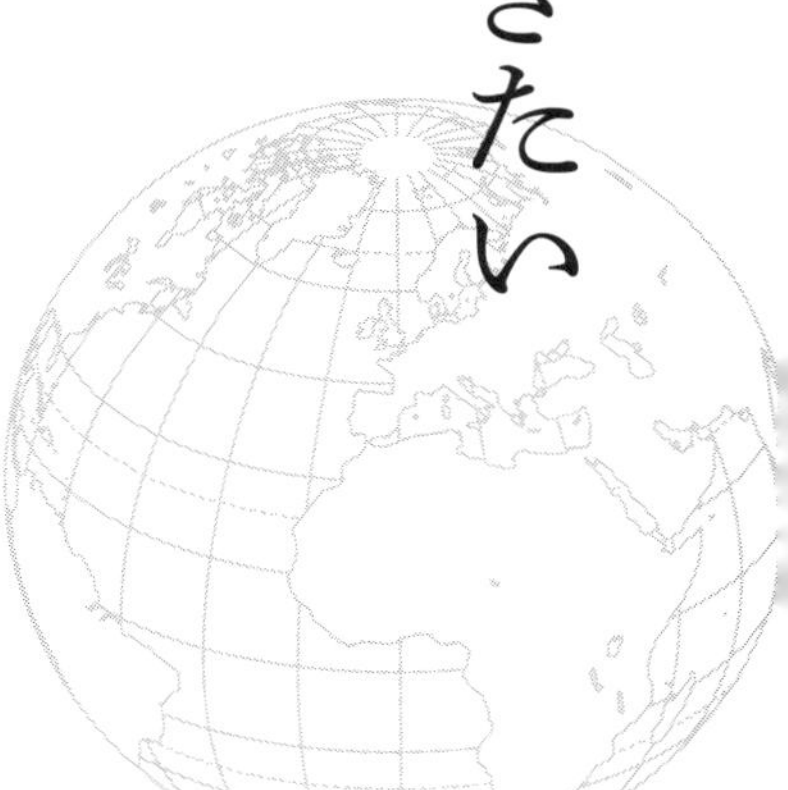

日本の地理的な優位点とは?

未来図を描く際の3つの柱のうちの1つが「お金の歴史」に関する知識であるならば、もう1つの柱は「地政学」に関する知識になります。

「地政学」というのは、地理と歴史の間にある長期的な関係を見出そうという学問です。

たとえば、「日本が日露戦争で勝利できたのはなぜか?」といった遠大な質問にも、地政学は、地理と歴史の観点から明瞭簡潔な解を導き出してくれます。

ちなみに質問の回答としては、地政学的に見れば、「日本が世界の覇権戦争の紛争地域から遠かったから」というその一点に尽きます。

もう少しアンテナを高くして勝利の要因を地理的な観点から探ると、まず１８４０年にアヘン戦争で清帝国が滅亡の危機にあることが伝わってきます。その後ペリーが来航し、日本は約３００年続いた鎖国を解かれることになります。

こうした背景から幕末日本では、「万国対峙」を旗印に中央集権国家を創設し、欧州列強に対抗し得る軍事力を着々と整えました。

他国に鎖国を解かれながらも、日本は独立を維持できました。その後日清戦争を経て遼東半島を手に入れたものの、ロシア・ドイツ・フランスによる三国干渉で返却することになり、再び辛酸を舐めます。ところが、欧米から遠く離れた時間稼ぎに有利な国の位置を最大限に生かし、国力を高め、日露戦争でロシアに対し雪辱を果たすわけです。

当時の日本人は、１８６６年、過去と未来の連続性が完全に途切れてしまう幕末から、欧州列強と互角に戦う国力を蓄えていきました。結果として、富国強兵という日露戦争での勝利につながる正しい道を選択することができたのです。そしてその選択の成功の背景には、彼らが地政学の感度を高く有していたことが挙げられます。

今でも、幕末当時のそうした考え方が通用する素地は残っています。なぜなら、戦前も、幕末も、日本は地理的に今の位置にあり続けたという厳然とした事実があるからです。

たとえば耳をすませば聞こえてくる、欧米各国とイスラム国との間で激化するテロ戦争のマシンガンの響きは、遠からずして日本にもその余波が訪れてくるはずです。しかし幸いなことに、日本は欧米から遠く離れています。パリのような爆弾テロ事件に巻き込まれないように、今のうちからテロ対策を立てておくことができる時間的余裕があるわけです。

このように、地理的な一般原則をベースに、国の歴史を形作る政治や軍事行動を考えていく学問が地政学というわけです。

そして、**政治や軍事の事象は、「お金」の動きと結びついていきます**。第1章でもお話ししてきたように、お金の歴史を学び、金融・経済を頭に入れながら地政学を学び、政治・軍事をカバーすることができるなら、あなたは間違いなく精度の高い未来予想図を手にすることができます。

東條英機によって握り潰された正確な国力調査レポート

かつて、「日米開戦不可ナリ」として、日本政府に正確なレポートを打電し続けた日本陸軍情報将校がいました。新庄健吉《しんじようけんきち》主計大佐です。主計とは日本陸軍の経理を扱う部署の軍人ですが、彼は、日米開戦前にアメリカの国力の調査を行うため、三井物産の社員として派遣されました。そして、3ヶ月でその日米戦力比を極めて精緻に算出することに成功します。

算出方法は地道にあくまで公開されている産業情報をベースに算出したもので、雑誌・新聞・統計年鑑などが主だったようです。IBM社製の統計機を使用しながら3ヶ月足らずで出されたデータが弾き出した現実は、極めて残酷なものでした。日米間の比較として、鉄鋼1対24・石油産出力1対無限・石炭1対12・電力1対5・アルミ1対8・飛行機1対8・自動車1対50・船舶保有量1対2・工業労働力1対5といった格差があり、重工業においては1対20とのことでした。

しかし、当時の東條英機《とうじようひでき》首相は、「戦はやってみないとわからない」という主観的な対応でこの新庄レポートを握り潰し、対米宣戦布告を行います。
結果はご存知の通り、二大都市に人類初の原爆を投下され、各地で多くの犠牲者を出して無条件降伏するという、みるも悲惨な結果となってしまいました。

こうした悲劇をくり返さないためにも、地政学とお金の歴史から、冷静かつ客観的なストーリーを創り、シミュレーションする必要があります。

地政学的な見方を学ぶことは、この日本の大地で、先達が血と汗と涙にまみれながらギリギリの中で打ち出してきた、数々の珠玉の政治やビジネスの判断の集積を手にすることにほかなりません。それらを手に入れることで、未来に向けた客観的な判断が可能になってくるわけです。

現在私たちは、アメリカが超大国の座を降り、「世界の警察官を辞める」という新しい境地に直面しています。言うならば、戦後日本の生き方を根底から改めて考え直し、新しい国家理念を描く意義が切実に求められている時代に生きていると言えましょう。

地政学を理解し、超長期循環である長い時間の流れに耐えることができる国家理念を追い求めながら、様々なリスクを管理することが求められています。

まずは足元を見てみましょう。一見大変なことではありますが、そこには国土があり、「地理」という、冷徹な客観性を帯びた事実が横たわっているはずです。

地政学で基本となる3つの定義

さて、地政学では以下の3つの定義が基本になります。

①東欧※を押さえたものがハートランド（ユーラシア大陸、特に中央アジアやシベリア）を押さえる

※東欧はポーランド・ウクライナなどヨーロッパ東部の国々

②ハートランドを押さえたものがワールドアイランド（ユーラシア大陸＋アフリカ大陸など世界の7割を占めるエリア）を押さえる

③ワールドアイランドを押さえたものが世界の覇権を握る

図5　旧世界を牽制する米軍（新世界）の軍事戦略

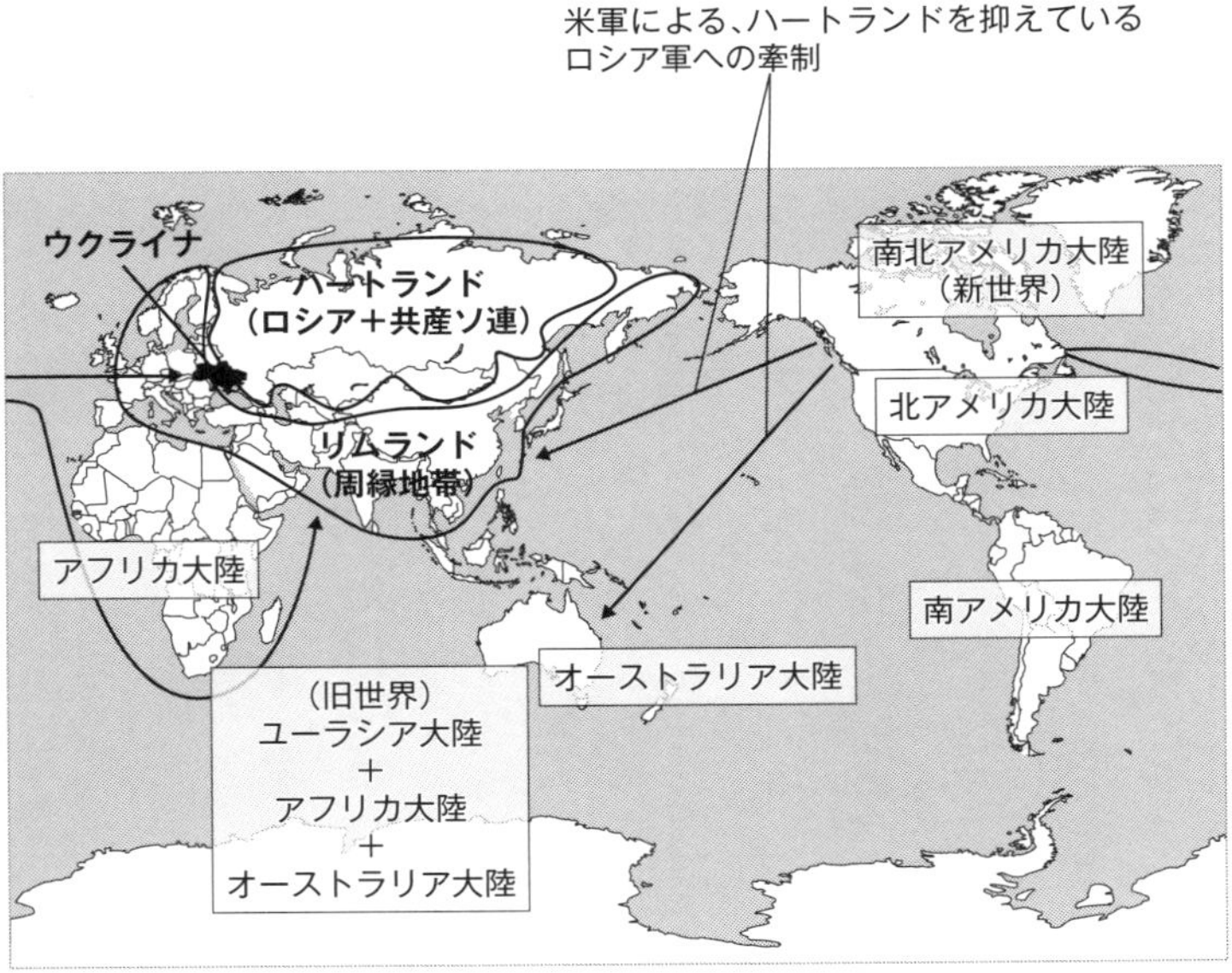

ちなみに中欧・東欧を押さえようとするものを「ランドパワー」（大陸勢力）と呼び、ロシアやドイツを指しています。

このランドパワーに対抗できるものが「シーパワー」（海洋勢力）で、ハートランド周辺の国々と定義されています。日・英・米・豪・カナダ・ニュージーランド・ブラジルの「インシュラーパワーズ」（海島国）に仏・伊の半島国家を加えたものがそれに当たります。

地政学の創始者であるイギリス人のH・J・マッキンダーは、「東欧の覇権を握るものを絶対に登場させないようにするためには、シーパワーが常に独露を牽制していくべきだ」と提唱しています。

イギリスが欧州連合から離脱しようと大紛糾したのは、独露がハートランドを押さえることを妨げようとするシーパワーの遺伝子の発露なのかもしれません。

ちなみに、マッキンダーがこの説を唱えていた当時は日露戦争開戦前夜でした。当時のロシアは帝国主義を推し進めるための原動力をドイツ帝国からの借金で賄っていました。

ドイツに首根っこを押さえられている状況を良しとしないロシアのニコライ2世

は、これを打破するため、仏露秘密同盟を締結するなど反独の動きを取り始めます。独皇帝のヴィルヘルム2世としては、何とかしてロシアの脅威をしのぐ必要が出てきました。そこで、ニコライ2世の目を極東に向けることは東欧の軍事的バランスをドイツに有利にすることとなるため、積極的にアジア攻略をニコライ2世に取らせようとします。

ヴィルヘルム2世のロシア宮廷内工作が実を結び、日露戦争開戦に向かって歴史は進み始めたのです。

しかし日露戦争の結果は、見るも無惨なロシアの敗戦となりました。日本海海戦で海軍は全滅し、革命の火種まで抱えたロシアはもはやドイツの敵ではありません。ドイツによるロシアへの、露骨な介入が始まっていきました。東欧が取られると、次はロシアのユーラシア大陸が取られてしまいます。これを危惧したイギリスは、露仏同盟を補強し、ドイツに対抗していくことでパワーバランスを保つことに全力を尽くすようになります。

この露仏同盟に日本が参加することで対独包囲網が完成し、包囲網突破を目指すドイツの対仏奇襲攻撃から第一次世界大戦の火蓋が切られていくのです。

よく考えてみてください。地政学的な見方からすると、日露戦争がその後の第一次世界大戦の導火線になっていることが明瞭に見えてくるではありませんか。

今、ウクライナを巡って米露が対立しています。地政学をベースにその理由を考えれば、地政学上の「ハートランド争奪戦」、このあたりに理由がありそうだということが見えてきます。また、ロシアがハートランドを押さえた場合、日本としても、ウクライナ紛争というのは他人事ではないということも明らかになります。

ロシアが日本に近づいているのは、天然ガスを売りたいという背景があります。そもそもロシアは、ウクライナを経由して、ヨーロッパの国々にガスを供給しています。しかし、そのウクライナで紛争が起きた場合、各国にガスが供給できなくなってしまいます。となると、ロシアはアジアに目を向けます。既に中国との取引は開始していますが、一国だけだと望む利益を得にくいこともあり、エネルギーの9割を中東に依存している日本や韓国に照準を合わせてきているわけです。だからこそ、北方領土の部分返還を容認してまでも、ロシアは日本と取引をしたいのです。いわば、ウクライナが、日欧にとっての〝防波堤〟の役割を果たしているのです。

その防波堤が壊れることがあるようなら、ロシアはアジア各国に対し、天然ガスの価格交渉でも、北方領土問題の交渉においても強気の姿勢をとってくる可能性が大きくなります。日露戦争が第一次世界大戦に影響を与えたように、欧州での出来事が日本に影響を与えるのは道理です。

地政学で見る第一次世界大戦

ところで、第一次世界大戦の背景にはもっと非常に複雑な要素が絡んでいます。まず、オスマン帝国が支配していた黒海西南側にあるバルカン半島が独立。長いオスマン帝国支配により、そこには複数の民族が入り混じり生活していたのですが、いざ独立するとなると、民族同士の争いが勃発してしまいます。

この時代は「民族自決」と言って、民族はそれぞれ自分たちで決断するという民族主義が高まっていた時期でもありました。とりわけ独立の気概の強かったセルビアでは、オーストリア支配下のサラエボに多くのセルビア人がいたことから「サラエボをセルビアに併合すべき」とする声が上がります。

注意しなければならないのは、サラエボにはセルビア人以外の人もいて、「セルビアに組み込まれたい」と全員が思っていたわけではなかったということです。サラエボのセルビア人はオーストリアに対して何らかの攻撃をしたいと考えたのですが、そう考えている勢力が少数であること、武器弾薬には限りがあることから、戦争というわけにはいかないという事情がありました。そこで選んだのがテロという決断だったのです。

たまたまサラエボにオーストリア皇太子夫妻が視察に来たため、標的となってしまいました。しかも、暗殺者が暗殺を諦めてビヤホールに入った、そのビヤホールの目の前を、道に迷った皇太子の車が横切るという偶然から欧州史上最悪の死傷者を出した第一次世界大戦の引き金が引かれたわけです。

皇太子夫妻が個人的に憎まれていたというわけではなく、オーストリアの大物というだけの理由でした。とはいえ、テロでサラエボが独立できるはずもなく、むしろオーストリアはこの事件の背後にセルビア政府、軍人が関わっていると勘ぐって、セルビアに圧力をかけることとなっていきます。「このままでは実質的にオーストリアの属国にされてしまう」と恐怖を感じたセルビアは、ロシアへ助けを求めていきます。

激化するオーストリアとロシアの対立

ここまでの説明でデジャブ（既視感）を感じる方も多いのではないでしょうか。それは現在のウクライナ紛争や中東を巡る状況です。英フィナンシャル・タイムズ紙では、ローマ法王がイスラエルを訪問する際、テロが起きる可能性について言及していたことがあったくらいです。

そして、1914年、セルビアに対して口を挟んできたのがロシア帝国です。ハートランドを押さえたいロシアは、その付け根にあたるバルカン半島支配を目論んでおり、オーストリアの進出は阻止したいと考えていました。

一方、オーストリアは皇太子が殺されたため見過ごすわけにはいきません。お互いに引っこみがつかなくなる中で、オーストリアとロシアの対立はセルビアを差し置いて激化していきます。

瀬戸際外交をとるロシアは、強硬手段として「戦争も辞さず」という姿勢を見せるために戦争準備に取り掛かり、動員を発動します。この時点でロシアは戦争をする気はなく、あくまでもポーズだったのですが、ここでドイツが「これぞチャンス」と突如現れます。ドイツとオーストリアは同盟国であり、ロシアとフランスは同盟国です。戦争になれば4ヶ国入り混じっての戦争になる可能性が出てきました。

ここで最初に動いたのがドイツです。先手必勝とばかりにフランスに攻め込み、その勢いでロシアに取って返してオーストリアとで挟み打ちするという、かねてから練っていた戦略プランを発動し、一気に東欧を押さえようと動きます。ドイツは直ちにフランスに向けて進軍しました。逆に言うと、ドイツは自分が先に動かないとロシアとフランスの挟み撃ちにされるという恐れを抱えていたのです。

第一次世界大戦はこうして勃発しました。このとき、ドイツ軍は独仏2国の間にあるベルギーを通過したのですが、ベルギー独立支持の英国がこれを侵略行為と見て、ドイツに宣戦布告します。当時の英国は世界に冠たる大英帝国ですから、英国が参戦するということは英連邦所属の国々も参戦するということになっていきます。さらにアフリカにある植民地も巻き込んで、あっという間に大戦争になってしまいました。

そして、英国と同盟を組んでいた日本も協力することになり、ついにセルビア発の地域紛争は全世界に拡大していきます。

この長期に亘る戦争は膨大な犠牲者を生み出しました。戦闘員の戦死者は900万人、非戦闘員の死者は1000万人、負傷者は2200万人と推定されています。

ギリシャをめぐるイギリスとロシアの歴史的攻防

これまで見てきたように、地政学的に重要なハートランドであるその付け根にバルカン半島があります。したがってバルカン半島は、世界大戦を引き起こすほどの大きな可能性を感じさせながら、世界中の注目を集めています。

さらに、そのバルカン半島の最端に、ギリシャが位置しています。オセロで言えば「端」の中でも更に重要な「角」にあたるようなもので、ここを押さえることがハートランド制覇のカギを握るとも言われてきました。

実際、ロシアの黒海艦隊がトルコのボスポラス海峡を通過して直面する位置にギリシャが存在しています。ギリシャを手に入れると、国外への航行もスムーズになります。つまりギリシャは、**ロシアからしてみれば、何が何でも手に入れたいと思う地理的な位置を有しているわけです。**

実はこのギリシャ、過去の歴史を見ても、何かと他国の注目を集める国でした。

第一次世界大戦時、当時のオスマン帝国がギリシャを支配していたのを、戦後のイギリスが親英王政派を親補し、いち早くその勢力下に置きます。ロシアの南下政策を、ギリシャを最前線にすることで防ごうというわけです。

第二次世界大戦時では、チャーチル英首相が、本土防衛部隊を引き抜いてギリシャに派遣するという苦渋の決断を下しました。ナチスドイツの英国本土侵攻作戦の危機があったにもかかわらず、です。ここから、いかにギリシャが地政学的に重要な拠点なのかが窺い知れます。

結局、ドイツの電撃戦の前にイギリスは敗退・撤退していきましたが、戦後、再びギリシャ王政を親補し、ソ連の息がかかったギリシャ共産党を完全に排除します。戦前、戦後と時代は変わってもギリシャの位置は変わることなく、イギリスの国益・国策としての興味を引いてきたわけです。

前章で詳述したように、ギリシャが最終的に追い貸ししてもらってきた背景には、ギリシャが地理的にも重要な地域に位置していることと関係があります。対露最前線として位置するギリシャを、欧州連合が軽々しく追い出すことができなかったのです。**ギリシャは、欧州にとっても防波堤の役割を果たしている**わけです。

地政学的な見方から、欧州中央銀行が、追い貸しに追い貸しを重ねているという面も否定できません。地政学的経験知をもとに、ギリシャ国債が暴落する度に買い向かっていたヘッジファンドが狂喜乱舞する姿が毎年くり返されています。

自ら崩壊に至る日本の姿を予言したハウスホーファー

さて、地政学を学ぶにあたり、日本人にとって都合のいいことに、その研究の大家であるカール・ハウスホーファーが大の親日家であったことがあります。

彼は学説の3割ほどを、日本を例にとって詳述しています。

第一次世界大戦前に駐在武官として日本に滞在したことのあるハウスホーファーは、日本民族を「海洋遊牧民」として定義しています。潮流を理解し、漁業で生計を立ててきたことから、日本人は国際関係の潮流を読むことにも長け、柔軟に戦略を構築できる民族として高く評価しています。

しかし韓国併合以降、日本はシーパワーとランドパワーの両方を志向するという思考断絶をもたらされてしまうことで、多くの困難がもたらされるであろうと予言しています。

そしてハウスホーファーの予言どおり、日本海軍が南方進出、日本陸軍が大陸進出を志向するに至り、全方位戦に突入してしまったことから、太平洋戦争で日本は大敗北を喫してしまいます。

１９４１年、米国の対日石油禁輸発動のリスクを冒してまで日本が南部仏印に進駐したのには、驚愕の事実がありました。

実は、アメリカに石油の禁輸をしてもらおうと画策して南部仏印進駐を行ったのは、当時の陸軍省軍務局でした。つまり自国で自国の首をしめてしまったのです。目的は、独ソ戦に乗じて関東軍が行おうとしていた対ソ連戦のなし崩し的な勃発を防ぐためだったと言います。当時、軍務局の中核にいた石井秋穂陸軍中佐が戦後に体験談として語っています。この木を見て森を見ず、という支離滅裂な行動が太平洋戦争を誘発したということは言うまでもありません。

今後、日本が歩む長い道のりを正しく選択しなければならない私たちにとって、地政学は有効な道しるべになります。

ウイグル人を少数民族に追い込んだ中国の巧妙な手口

これから日本が中国に対して取るべき戦略を考えるうえで、次のようにウイグル地区の制圧の仕方を参考に考えてみたいと思います。

この数年間、中国の新疆《しんきょう》ウイグル地区におけるウイグル人のレジスタンスが過激度を増してきています。これは中東の民族自決運動がアジアに飛び火しているためです。ちなみに、新疆ウイグル地区が中国の一部だったことは18世紀半ばまで一度もありません。

ウイグル人自身は自分たちを西方に展開するトルコ系民族の兄弟と思っています。逆に、中国人はウイグル人を「突厥《とっくつ》」という野蛮人だとみなし、彼らの住む土地を西域の一部だとみなしてきたという歴史があります。「西域」とは中国の西側にある外国の一部という意味で、「新疆」という名称は、満州人がウイグルの地を征服した際に、新しい領土という意味で名づけたものです。

１９４９年に新疆地区が改めて中華人民共和国に組み込まれた際、漢人はたった29万人でしたが、今日では８００万人にもなり、ウィグル人の数を圧倒しています。ウィグル人にしてみれば、いつの間にか少数民族の境遇に追いやられてしまったわけです。

そのプロセスについても少し言及しておきましょう。形のうえでは「自治」を保証しますが、実際は共産党の出先政府が実質的に統治します。中国人を新疆やチベットになし崩しに流入させて、いつの間にか中国人が多数を占めるような土地にしたうえで、徐々に中国化していったのです。

今話題のシリアやトルコにいる独立を求めて戦いを繰り広げているクルド人や中国の圧政に苦しむウィグルやチベット、そして、ロシアと欧州連合の狭間で苦しむウクライナが１００年前のセルビアに重なって見えるのは私だけではないはずです。

第一次世界大戦勃発のきっかけになったように、東西に頻発する民族自決の動きが大国同士の紛争に伝播して行くかどうかを分析することの意義が増大しています。今こそ、地政学の視点がより重要となってきているわけです。

対中国包囲網形成に向けて今日本がすべきこととは

さて、私たち日本人にとっての地政学から得られるストーリーとはどのようなものなのでしょうか？

曰く、対中国包囲網形成に向けた策が必要となってきているのは自明です。中国には尖閣問題をはじめ、「日本の領土を犯そう」という動機があるためです。準非常時体制に入った世界情勢を考慮して、日米軍事同盟の強化による抑止効果の拡大を図る動きは極めて重要になっています。

さらには、日本をＮＡＴＯ（北大西洋条約機構）に加盟させようとする動きもあります。これはＮＡＴＯを北大西洋地域に限定せずに世界規模の機構に発展させたうえで、日本・オーストラリア・シンガポール・インド・イスラエルを加盟させるべきだという意見で、元ニューヨーク市長のルドルフ・ジュリアーニ、ブルッキングス研究所シニアフェローのアイボ・ダールダー、ジョージ・ワシントン大学政治学教授のジェームズ・ゴールドゲイアーなどが提唱しています。

これは極論のように思われる方が大多数だと思いますが、しかし、すべては「日本の対中国戦争は近い将来不可避である」という欧米内外からの確信が根本にあるに違いありません。

欧州側としても、中国というロシアにとっての潜在的脅威が日本に向かうのは内心嬉しい話ではありません。ロシアが中国という後顧の憂いなく、中東で、欧州で幅を利かす形になるためです。

このように考えていけば、ＴＰＰ（環太平洋経済的連携協定）という経済問題として見られる問題であっても、純粋に軍事問題として考えていこうと日本が提案していくのであれば、遠からず米国の理解を得てスムーズに妥結に向かう可能性があります。欧州にも軍事的メリットがあるわけなので、彼らも大賛成のはずです。ここまで対策を打ってはじめて、最重要である日中の直接対話に取り掛かるわけです。

第一次世界大戦から日本は、集団的自衛権の強化だけではなく、紛争抑止に失敗した場合、対話の窓口を用意しておくという教訓を得たはずです。

しかし現在のところ、日中間に対話は乏しく、逆にお互いに戦争は遠からず不可避であり、その場合には「先制攻撃と各個撃破に利あり」という考えが強化されているのが気になるところです。実際に先制攻撃と各個撃破をベトナムで行っていたのが中国人民解放軍です。相手にも戦争がいかに高くつくかを理解してもらうように努力すれば、奇襲攻撃も予防できるというものです。

もっとも、地政学でのツボ（ドライバー）を押さえて考えてみた場合、中国の対外的に先鋭化する動きにストッパーをかける、大事な事実があることが見えてくるのですが。これについては次項で述べます。

02 地政学リスク 東アジア（中国・朝鮮半島）編

中国は南シナ海における「核心的利益追求」を積極化

南シナ海には世界の海上輸送の約3分の1が集中しています。今、その海域を中国が着々と征服し始めています。

2014年5月1日にベトナム領海に設置された中国の石油掘削装置をめぐり、両国の海軍艦艇がにらみ合いを続ける中、中国は「南沙《ナンシャー》・西沙《シーシャ》諸島は自国の領土だ」とする「領海および接続水域法」を制定しました。自国の「主権、主権的権利および管轄権」が及ぶという「九段線」を主張し、南沙・西沙諸島などを管轄する三沙市を設置するなど、領有を前提とした国内法の措置を進め始めたことは記憶に新しいと思います。

米国と同盟関係にある日本と違って、米国とはパートナーシップにとどまるベトナムは、中国の格好のターゲットになった形です。

また、同年5月14日、フィリピン政府は、南シナ海の南沙諸島ジョンソン南礁で中国がひそかに軍事施設を建設していると発表し、後に南沙諸島で中国がはじめて設ける滑走路となりました。

米中首脳会談では、中国が「核心的利益」と位置づける台湾、チベット、南シナ海、東シナ海問題について、オバマ米大統領に「口出しするな」と迫ったと、まことしやかに言われています。

ウクライナ、中東に続き、アジアでも、米国の内向きの政策がアジアのパワーバランスを崩し始めています。

中国のベトナム進出が国際金融市場にもたらす影響

これは国際金融市場に対しても、海上交通路における緊張感の高まりが、輸送保険費用の高騰という形で悪影響を及ぼしています。米軍の存在感によって、従来は「戦争保険なしで良し」とされていたインド洋などの地域が、タンカーをはじめ戦争保険を必要とされるようになったと、郵船会社で働く友人がぼやいていました。**非常に安定した世界は「一強」という権力闘争下で実現するものです。**不確実性の高い「Gゼロ」という無極・多極世界にあって、日本は旧海軍のシーレーン軽視を省みるべきときが来ているのかもしれません。

対中国の地政学リスクを考えるとき、日本の安定的エネルギー資源供給源分散先として「ロシアとの関係を見直すべきだ」という結論を先に申し上げておきましょう。国家戦略という長期で重要な案件の策定については、客観性を緻密に分析評価することが重要です。客観性の最たるものは「日本のアキレス腱は何か」を知ることです。それは日本の地理的位置であり、「エネルギー供給源をどこに持っているか」という地政学的な問題だと考えます。

ご存知の通り、シリアをはじめ中東各国が再び世界の火薬庫となりつつあります。2011年の米軍のイラク完全撤退以来、チュニジア、リビア、エジプト、イエメン、イスラエル、トルコに、クーデターや革命、軍事侵攻、テロの嵐が吹き荒れています。中東にエネルギー供給の約90％を依存する日本にとって、この地域の政情不安は死活問題です。

「中東問題の安定軸が、米国ではなく、ロシアを中心に回り始めている」という認識を持てば、日本がよりどころとする世界が、今までとは全く異なる新局面に入りつつあるということを再認識するのではないでしょうか。

言い換えれば、「米国一強」という一極体制の世界から、多極化への動きに入りつつあるという世界観を強く抱かざるを得ないはずです。

日本の生命線は海上シーレーンの確保

日本の国家戦略として、「海上シーレーンの確保が至上命題である」ということは、第二次世界大戦を振り返っても明らかです。開戦当時、世界第3位の６００万トンを有する日本輸送船団は、３００万トンを軍用、３００万トンを民間用に割り当てられていました。主に東南アジア占領地域のアルミや原油を日本本土に持ってきて精製、加工し、兵器を製作したり、国民生活を維持したりするのに最低必要なトン数が300万トンでした。

しかし、1942年からのガダルカナル島を巡る戦いで多くの軍艦を失い、1943年2月、62万トンの軍用への転換が強く政府に求められました。結局31万トンが認められ、国民生活維持に必要なラインを一気に割っていきます。

また同時期から、アインシュタインの提言で改良された魚雷やデルが開発した新SJレーダーを有する米潜水艦118隻が東南アジアと日本本土の間に横たわる海上シーレーンに配備され、通商破壊戦が本格化します。

これに対応する日本の海防艦はわずか10隻。日本の輸送船団の被害が激増していきます（図6）。

海上貿易でお互いに成り立っていた東南アジア諸国の国民生活も、海上封鎖で破壊され、飢餓が蔓延する過程で日本の掲げた「大東亜共栄圏構想」はもろくも崩壊していきました。

終戦時、600万トンあった日本の船舶は31万トンと激減し、多くの人が飢えと経済崩壊に苦しむことになります。日本周辺で戦争が始まった場合、日本が依存するアジア国際貿易網が破壊され、国民生活の根底が大きく揺らぐことは明らかです。

図6　中国の戦略海略

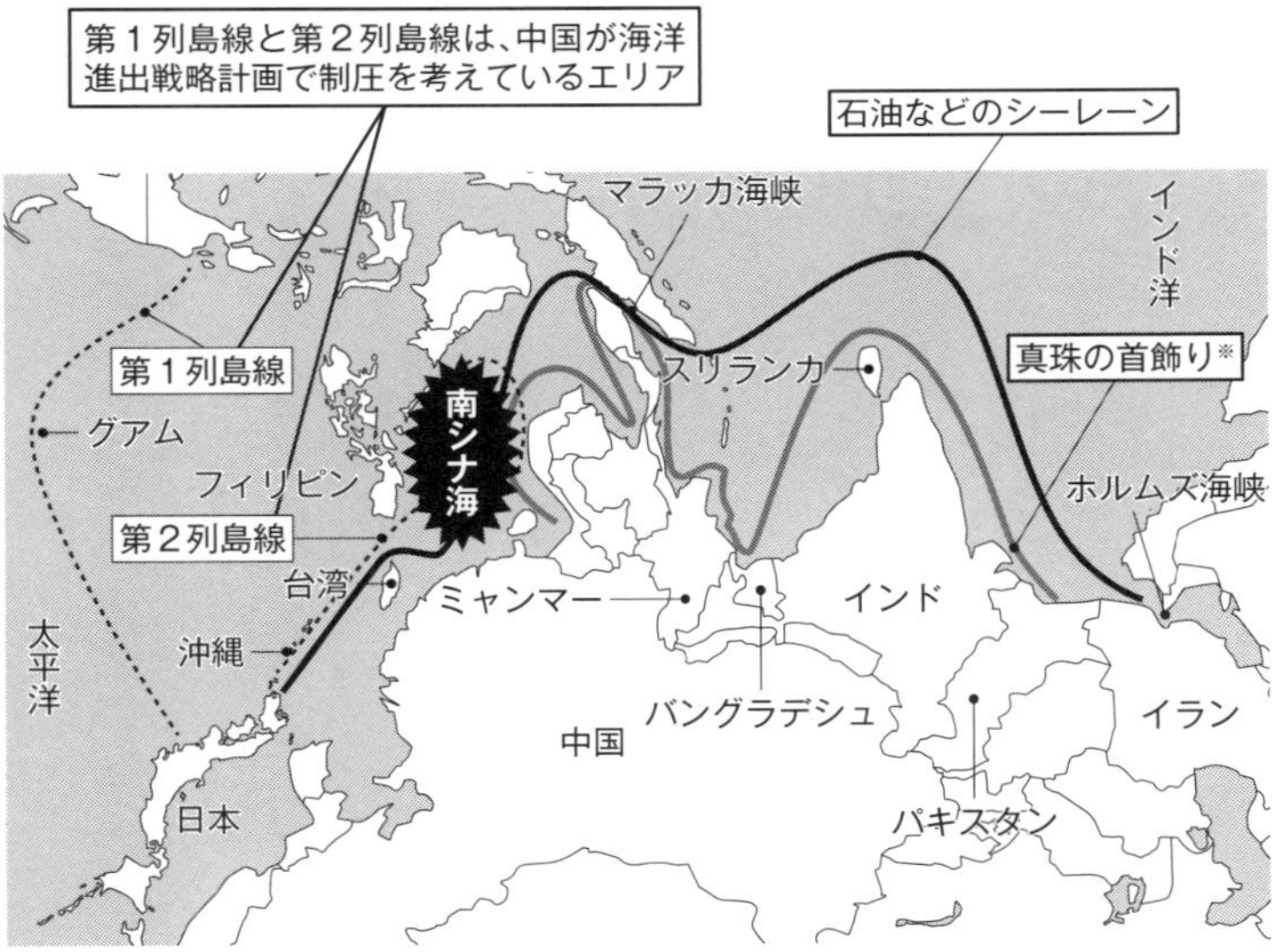

※中国版海上シーレーン

ロシアとの共生が日本にとっての保険になる

太平洋戦争当時以上に活発な国際貿易に依存している現在の日本にとって、最善の策は、海上シーレーン上での紛争を未然に防ぐことです。集団的自衛権を行使し、米軍やその他同盟軍とともに抑止効果を狙う必要があります。

そして次善の策は、海上シーレーンを分散する、すなわち隣国ロシアからのエネルギー輸入を増やすなど、エネルギー資源供給源の分散を図るということでしょう。

「国際平和はバランス・オブ・パワー」で維持されるというのは、近代の国際政治思想の固定観念であり、パックス・アメリカーナの米国完全優位の世界ほど国際平和が確保される世界はこれまでありませんでした。

しかし、現実には多極化が始まり、世界は緊張感に包まれています。2007年2月、米一極支配構造を批判したことで有名になったプーチン大統領のミュンヘン演説は、多極世界に向けての始まりの宣言であったと言えましょう。中東問題の後楯としてのロシアの振る舞いの原点はここにあります。

また、新興国のGDPが世界の過半を占めることが現実となっている以上、多極世界の流れを真摯に受け止め、それに対応していく必要があります。

その際に忘れていけないのは次の3要点です。

①一極世界（たとえば超大国アメリカなどによる冷戦後の世界）こそが最も安定した世界を生み、日本がその最大の受益者（だった）ということ

②現在は多極化という混沌の時代に移行しつつある。だからこそ、日本は正確な国際情報を有する米英と共にあるべきであるということ

③混沌の時代だからこそ、米国一辺倒ではなく、他国に万が一の保険をかけておく必要性が増しているということ

幕末以来、現在に至るまでの日本外交の課題は、米露の狭間にあって「いかに日本の安全と繁栄を確保していくか」ということにありました。

極東における唯一の力の実体が米露であることを念頭におけば、情勢判断の大局を見誤ることはないと考えられます。

日中関係が極東の安全を決定していくことはありません。最近の中国の日本に対する挑戦的な動きも、中国がロシアと親密であることで、背後を気にせず他国に強気に出ていける、といった反射的な動きにすぎません。なぜ反射的かと言うと、日本や中国が独力で、桁外れの核戦力を有する米露のいずれかを屈服させることは絶対にできないからです。つまり、**中国が活発なときほど、ロシアの後ろ盾を得ていることになります。**

一方、日本はロシアを軽視あるいは無視することが冷戦以降長く続いています。しかし、米露の緊張感が高まる今日、**アメリカという片方だけではなく、もう片方のロシアについても興味を持って注意深く見ていくことが必要です。**極東における真の力の実体であるロシアともうまくやっていくことが、今後の日本にとっての保険となるはずです。

日本にとって朝鮮半島の問題は死活問題

地政学リスクを考えるとき、「中国は米露の従属変数にすぎない」というのが私の結論です。これが前項で申し上げた、地政学でのツボというもので、中国の対外的に先鋭化する動きにストッパーをかける、大事な事実となります。

要は、国際市場においては、まずは米露の出方を考えつつ、その後、余力があるときに中国のことを考えるようにすれば、誤った結論を導くことは少なくなるということです。

日本では、多くの識者が「中国、中国」と声高に叫んでいますが、それは表面しか見ていない単純すぎる思考だと感じています。机上の評論家ではなく、ヘッジファンドの運用担当者という実践家として、私はそのように判断せざるを得ません。

ちなみに、朝鮮半島問題となると話は別で、中国の存在感は他を圧倒するものです。実は日本にとって、この朝鮮半島問題はまさに死活問題なので、その観点においては地政学上の中国の意義は非常に大きいと言えます。

日本の地理的位置は、地政学で言うところの「リムランド」（ユーラシア大陸のさらに外縁）にあたります。日本海や東シナ海を堀として、朝鮮半島にある国家や中国大陸の国家と対峙してきたというのが日本の地政学的なポジションです。そして、太平洋戦争は別として、常に本土決戦は朝鮮半島からの攻撃経路をたどってきました。

まずは地理的観点から日本を見てみたいと思います。

近代前の日本をめぐる環境は、世界史上、稀に見る安定性を持っていました。「万邦無比《ばんぽうむひ》」という言葉があるように、2000年にも亘って同じ民族が国を支配してきたというのは他に例を見ません。中国は秦漢隋唐宋元明清を経て近代に至るまで王朝の交代をくり返してきましたし、朝鮮半島も、唐朝以降は中国王朝交代の影響をもろに受けて、古代の三国から、新羅、高麗、李朝と交代しています。

一方、日本はというと、一度も交代していません。太平洋戦争を除いて、元寇や応永の外寇（室町時代、1419年に李氏朝鮮が対馬を攻撃したがこれを撃退）など、外敵による日本本土決戦はたった2回です。


ではなぜ、このような状況が実現できたのでしょうか。また、今後もこうしたことが続くのでしょうか。どうすれば、今までと同じように同一民族による対外関係が維持できるのでしょうか。

考えなければならない要素は次の3つです。

①日本の地理的特性（中国大陸と接しながらも独立した島国であること）
②中国にとって日本への侵攻は非経済的であるということ
③日中間に介在する朝鮮民族の特性が日本にとっての防波堤になったこと

韓国には、2000年に亘って中国から侵略を受けてきた歴史があります。また島国という、いわば独立国家の日本に比べ、他国と常に隣り合わせにある半島を拠点とする韓国は、常に要塞に籠城するような戦い方で背水の陣を敷いてきました。

朝鮮民族は、負ければ皆殺しにされるという状況もあり、いったん事があれば手のひらを返すように過剰なまでに忠誠を誓うという民族性を持っています。異国による虐殺を経験したことのない日本人の楽観主義とは全く対照的です。

北朝鮮が日露に急接近する背景にあるものとは

日本の一般の人々にとって、北朝鮮の行動は常に不可思議であり、思考の対象から外れた存在であり続けました。日本人から見ると、「貧乏な国なのに、なぜ莫大な費用をかけてミサイルを打ったり核兵器を保有しようとしたりするのだろう」と不思議でならず、「頭がおかしい」という論調で終わっているのが北朝鮮問題ではないでしょうか。

ただし、耳をすませば、大きな変化のうねりが北朝鮮から聞こえてきています。北朝鮮が日露に急接近しようとしているのです。

その背景には、金正恩《キムジョンウン》氏が2011年12月29日に最高指導者の座に就いて以来、一度も中国の習主席と首脳会談の場を持っていないということがあります。

対極的に、韓国のソウルでは中韓首脳会談が2014年7月3日から開催され、それ以来、北朝鮮からは過激な反応が起きています。それが、日朝間で拉致被害者返還交渉が急速に進展しようとしたことにつながってきているわけです。

また、2014年1月には中国から北朝鮮への原油供給が、2015年12月には米ドル送金が停止されています。こうした中、北朝鮮の金正恩体制は中国に依存するドルや石油の備蓄が尽きる2016年が体制維持の限界点と言われています。北朝鮮が日露に急速に接近する理由はここにあります。

中朝間不和、日朝間、露朝間宥和、そして中韓友好が表面化してきています。こういった北朝鮮の動き一つを見てみても、新しい局面としての「Gゼロ時代」の東アジアの現状を垣間見ることができます。

早稲田大学の重村智計《しげむらとしみつ》教授によると、中国の対北朝鮮の厳しい対応は、米国のジョー・バイデン副大統領の訪中が契機となった可能性が高いと言います。

バイデン副大統領は2013年12月4日、北京の人民大会堂で習主席と会談した折に北朝鮮の核問題に触れ、「北朝鮮崩壊後の処理を米中で話し合いたい。北朝鮮への原油供給、米ドル送金をやめてもらい、核問題を前進させたい」と要請したようです。

米政府は、北朝鮮のナンバー2だった張成沢《チャンソンテク》国防委員会副委員長が粛正されたことを知り、遠くない将来における北朝鮮崩壊を視野に入れてすでに動き始めています。

中国においても、バッファー国としての北朝鮮の存在意義よりも、中国による制御が不能になりつつある核保有国北朝鮮と、在韓米軍のいない統一韓国とを天秤にかけたうえで、統一韓国の可能性を追求し始めたのでしょう。そうした中で、南北統一を阻む最大の懸案は「在韓米軍の存在である」と中国は指摘し始めます。

これまで中韓の首脳会談では、中国は在韓米軍の撤退を求めており、朴大統領は「北朝鮮の脅威がなくなれば、南北統一後に米軍は朝鮮半島から撤退するとの見通し」とすでに述べています。財政難の余波を受けて軍縮の最中である米軍からも、こうした動きへの摩擦は少なく、２０１４年7月3〜4日に行われた中韓の首脳会談では、この点を確認したうえで、北朝鮮崩壊後のグランドデザインを中韓で描くことになった模様です。

もし、北朝鮮が反発してミサイルを発射するなど瀬戸際外交を拡大、展開したとしても、ベトナムやフィリピン、日本と事を構えるだけの力を持ちつつある中国としては、問題ではありません。それどころか、北朝鮮がミサイルを発射すると、日本は自衛隊をはじめ、軍事力をそちらに向けざるを得ません。日本を狙う中国にとっては、北朝鮮が日本を攻撃すればするほど、メリットになるわけです。

もちろん北朝鮮としても、最大の貿易相手国でエネルギー輸入の9割を頼っている中国の禁輸に関して手をこまねいているだけでは自滅するのが自明です。外貨獲得を求めて対日露との通商を加速させようと虎視眈々とそのチャンスを狙っているはずです。

北朝鮮をめぐる米中韓の動き

このように、北朝鮮崩壊後の世界に向けて、米中韓が動きを加速させているように私には感じられます。

中国の、北朝鮮に対するエネルギー輸出とドル送金が事実上停止する事態が続いて数年が経過しようとしています。ただ北朝鮮は実際には「原油スワップ」という形で、友好国であるイランなどから原油を買い取っています。それを中国に還流する代わりに、中国のパイプから北朝鮮へ原油を流してもらうという状態が続いています。しかしこれは、「北朝鮮崩壊は時間の問題」と読む中国による〝安楽死〟とも見て取れます。

２０１４年3月28日にドイツを訪問した韓国の朴槿恵《パククネ》大統領は、北朝鮮に対し、①人道問題の解決、②文化交流の促進、③民生インフラの共同開発を提案し、関係改善を促しています。

朴大統領は「北朝鮮の非核化」の進展に合わせて大規模な経済支援を検討する

「朝鮮半島信頼プロセス」を掲げ、北朝鮮に安易に妥協しない姿勢を従来見せていました。ところがこの日の演説では、信頼関係の醸成に向け、韓国が検討する経済交流のメニューを提示し、南北朝鮮統一の環境を整えると共に、北朝鮮に核放棄を強く求める内容となっています。

具体的には北朝鮮の交通・通信などインフラ整備を支援、経済特区である新義州《シンウイジュ》市を中心に南北朝鮮と中国による協力事業を推進し、韓国側が北朝鮮の地下資源を利用できるようにするなど、相互利益の拡大を図る考えが明示されています。北朝鮮が非核化を決断すれば、周辺国と共に「北東アジア開発銀行を作り、北朝鮮と周辺地域の経済開発を進めることができる」とも述べていました。

前述の政治的背景を踏まえ、中国の習主席は朴大統領と国家元首就任後5回目の面会を果たし、経済問題を重点的に話し合いました。中韓2ヶ国間の2013年の貿易総額は2700億ドルを超え、それ以来、中国は日本を抑え、韓国最大の貿易パートナーとなっています。

韓国経済は対外貿易がＧＤＰ（国内総生産）の約50％を占めるほどの貿易依存型であり、そのうち対中輸出は総輸出の30％に達しています。対米輸出（約10％）と対日輸出（約7％）の合計よりもはるかに大きくなっているのです。韓国としては今後、南北朝鮮統一に向けて、その度合いをさらに加速させていきたいところです。金融面でも、中国人民銀行は2014年5月末、中韓通貨スワップ協定に基づき、はじめて4億ウォンの資金を使用。商業銀行を通じて企業に融資し、韓国から商品とサービスを輸入する形でファイナンスでの結びつきを強めているのはその証左でしょう。

南北統一朝鮮の経済効果

それでは、南北統一朝鮮ができたとして、それはどのような地政学的な影響をもたらすのでしょうか。経済面からまずは見てみると以下のようになります。

統一は、韓国経済を「国民所得2万ドルの罠」に陥れた構造的問題である生産年齢人口減少、内需縮小、潜在成長率低下などの突破口となる可能性があります。

南北統一で7000万人以上の人口を抱えることになれば、労働市場や内需市場の拡大で経済成長に役立つことが期待できるからです。

朴大統領も２０１４年1月の記者会見で「南北統一は大当たりだ」と発言しています。それを裏打ちするように、過去、南北共同事業であった開城《ケソン》工業団地に進出している韓国企業の株価の急伸が目立つ局面もありました。また、朝鮮戦争生起確率分の割引分が正常化するため、その他韓国企業の企業活動も株価上昇をテコに活性化していくことが考えられます。資源国となるメリットも享受できるでしょう。

その一方で、韓国企画財務省は統一費用について「10年で５９１０億ドル（約60兆円）はかかる」と見積もっており、国債価格の下落が予想されます。

旧東西ドイツの経済効果

ドイツの例を見ても、統一費用の捻出には苦労しています。コール首相（東西ドイツ統一当時）は「追加で税率を引き上げなくても、東ドイツ地域に対する支援は可能だ」と断言した後、実際には付加価値税の税率を３回にわたって5％ポイントずつ引き上げ、失業保険料などの社会保険料も３～４％ポイント引き上げるしかありませんでした。

加えて、統一直前の旧東ドイツの人口は旧西ドイツの4分の1にすぎず、北朝鮮の人口は韓国の2分の1で、1人当たりの国内総生産（GDP）は旧東ドイツが旧西ドイツの50％だったのに対して、北朝鮮は韓国の6％にも及ばないという状況は頭に入れておくべきでしょう。

東西ドイツ統合に見る南北朝鮮統一後の行方と日本への恐怖

相対的に状況が良好なドイツの場合でも、統一後から2009年まで、旧西ドイツから旧東ドイツへの公共部門を通じた移転支出だけで約1兆6000億ユーロ（約200兆円）に上ったことを勘案すると、南北統一朝鮮には、韓国企画財務相の予想を超える天文学的な費用がかかる可能性があります。

特に、南北の社会保障制度を完全に統合すれば、北朝鮮住民の所得が低すぎるため、大多数が基礎生活保障と医療保護対象者になる可能性が高く、これに必要な支出は韓国が全額負担することになりかねません。

また、義務教育をはじめとする北朝鮮の公共サービスを韓国の水準に引き上げるためにも大規模な財政支出が必要になります。南北の人口比率と所得格差を考慮すると、こうした費用は韓国が負担できない水準であり、南北の経済格差がある程度解消されるまで、両者の社会保障制度は分離して運営されることが予想されます。

さらに統一後、南北間でドイツのように自由な移動を認めれば、北朝鮮の非常に遅れたインフラ・社会福祉整備の理由から社会的衝撃と労働市場での問題がドイツよりはるかに深刻になるため、北朝鮮住民は韓国への移住を制限されることになりそうです。


以上のことを考えると、「完全な統合」というドイツの統一方式を朝鮮半島で踏襲する場合、非常に深刻な問題が懸念されます。

しかし、現実的かつ限定的な統一を念頭に入れ、長期的な視野で考えれば、有効需要の拡大と資源の有効活用（戦費という非生産的な投資の縮小）というメリットのほうが大きいであろうと私は考えます。それは、韓国にとっても周辺諸国にとっても、です。

とはいえ、中国を後ろ盾とした形での強力な統一朝鮮という存在ができる場合、経済上、また安全保障上でも、日本が極めて不利な状況に追いやられる可能性は否定できません。

アメリカの核の傘などいらない、アメリカの経済圏などいらない、中国べったりで大丈夫なんだというお得意の掌返し外交を統一朝鮮が行う可能性が大きいためです。

鎌倉幕府の時代に起こった元寇のように、強力な中朝一体となったランドパワーとの対峙を迫られる可能性が出てくるわけです。そうなると、とても今の日本にそれを単独で打破する力は残されていません。

03 地政学リスク（ロシア編）

国際都市モスクワの今の姿

本項では、モスクワから数年にわたって激動のロシアや世界、日本を見てきた観点から気づいたことについてお話したいと思います。

モスクワはここ数年何かと世間を騒がしているロシアの首都です。２０１４年３月、ロシアがウクライナ領クリミア半島を無血占領し、ウクライナ事変が勃発、マスコミが「第三次世界大戦か」と慌てふためく報道を行っていたのは記憶に新しいところでしょう。

みなさんは現在のロシアについてどのようなイメージをお持ちでしょうか。クレムリンでの軍事パレードに代表されるような軍事大国、あるいは情報機関ＫＧＢ（ソビエト連邦国家保安委員会）出身のプーチン大統領が取り仕切っている高度秘密警察国家といった暗いイメージが多いのではないでしょうか。あるいは、ソ連のイメージの名残から、物資も少なく、行列して品物を手に入れるなど必死で生きている人々の寒く冷え切った姿を思い浮かべる人も多いことでしょう。

しかし、意外と知られていないことなのですが、モスクワは東京の人口（１３９０万人）を凌駕するメガポリス（１５００万人）であり、世界第２位の移民大国の首都としてさまざまな国から人が集まる国際都市です。

私が今この本を執筆しているのは、モスクワにある超高層ビルの47階にあるオフィスです。窓からは超高層ビルが立ち並ぶ姿を望むことができます。地下にあるショッピングモールには世界中の食品が並んでいます。経済制裁で輸入が禁止されているはずの肉やチーズも含めてです。

町の中心街に行けば、名立たるブランドのブティックや、おしゃれなパリを思わせるようなカフェが立ち並んでいます。洗練されたファッションに身を包んだ、モデルのようなモスクワっ子が街を闊歩しているシーンをよく見かけることでしょう。

また、夜は大人が楽しめる文化都市の一面を見せてくれます。世界最高峰のオペラにクラッシックコンサート、サーカス、バレエ、映画など。眠らない町モスクワでは、オペラを見た後、着飾った紳士淑女が楽しめる極めて雰囲気のあるレストラン、バー、クラブが朝まで開いていて、レベルの高いサービスを提供しています。レストランに流れるセンスの良い音楽をバックに、恋愛問題から社会や国際問題に至るまで、センスのいい会話を自由に楽しみながら週末のモスクワの夜は更けていきます。

休みの日は、ロシアの友人たちの郊外の別荘に誘われて、夜が更けるまでポーカーをしながら、ウィスキーコーク（ウィスキーにコカコーラをブレンドしたもの。「響」をお土産で持って行ってもコカコーラを入れて飲まれるのは本当に勘弁してほしいです）を飲みながら、政治やビジネスまで色々な会話をするなど、とても楽しく時間が過ぎていきます。

ロシアでの会話に見る視野の広さと自国への自信

「スラバー、僕にはどうもプーチンはクリミアの問題でやり過ぎているように思えるのだが、経済制裁でルーブルも下落して国民の不満は高くなる一方というわけではないのかい？」

私の質問に、投資銀行家の友人であるスラバーがこう答えます。

「確かに輸入品価格は暴騰しているけど、海外からの輸入が減っていいこともあるんだよ。自国製品への需要の上昇とそれらを作るインセンティブが出てきたおかげで、結果的にロシアのメーカーの株価はうなぎ上りだよ。ロシアは事実上の高関税に守られて、自国産業が潤う良いきっかけができたってことさ。プーチンに乾杯！」

「でも」と私はさらに尋ねます。

「ウクライナという隣国に敵愾心《てきがいしん》を強く持たせても良いことはないんじゃないの？」

隣でウィスキーコークを作りながら、国家公務員のサーシャが言います。

「何言ってんだ、タダシ。ウクライナは隣国じゃなくて国内なんだから（因みに国内ではない、ウクライナは独立国)、単なる夫婦喧嘩みたいなもんだよ」

スラバーが付け加えます。

「はっきり言って、ドイツもイタリアもフランスも困っているよ。僕たちロシア人という購買力の高い1億4000万人という欧州最大の人口を持つ国が、彼らのお客様リストから強制的に外されて本当にいい迷惑だと嘆いているわけよ」

欧州の難民問題について話題を振ってみると、石油会社で働くアンドレイが言います。

「俺たちにとって、中東は武器の輸出という形でファイナンスもしてくれるしとても大切なお客様なんだ。モスクワにとっては、アゼルバイジャンからの野菜や果物の輸入にものすごく頼っているわけだから、マジで死活問題なんだよ。俺たちが主導権を握って世話を焼いて、監視してやらないといけないと思うよ。欧州も喜んでるし、それでいいんじゃないのかね」

これに対し、スラバーは次のように言います。

「ウクライナにしろ、シリアにしろ、ロシアからはお金も武器も人も提供して、今まで散々世話を焼いてやってきているんだが、アメリカの宣伝で世界に嫌われてしまうなんて、全くやっていられないね。まぁ資源も金融も自給自足できるから別にどうでもいいけど」

このように、ロシアの友人たちと日夜話をしたり、様々なロシアの大企業との投資ミーティングを行っていて感じるのは、彼らの視点が日本とは大きく異なっていることです。それは、欧州や中東、中央アジア、極東と、世界中を隣国としているゆえの視野の広さ、資源を自給自足し、核兵器を保有し、自存自衛していることからくる自国に対する大きな自信です。

もちろん、プロパガンダ報道はあるものの、普通に西側の情報も自由に手に入るので、彼らの視野の広さは私たちの想像以上に豊かに育まれています。中国と違って報道管制などはありません。Facebook や WhatsApp などのSNSで西側の情報もバランス良く吸収したうえで、世間を見ているのが彼らロシアの若者や民間企業の姿です。この情報源の豊かさとその世界情勢に対する好奇心を多く持つ若者たちは、ロシアの大きな国力の源となっていくでしょう。彼らは現在の世界の秩序に飽き足らず、自信を持って世界に新秩序を作り出そうという意気込みを持っています。

Ｇゼロの時代に高まるロシアの地政学的ポジション

私がモスクワに暮らすようになったきっかけは、冒頭でも紹介したように、近年特に感じている地政学リスクの高まりでした。

２０１３年9月、米国のオバマ大統領が「米国は世界の警官をやめる」と宣言、米国一極政治経済体制から「Ｇゼロという多極化・無極化の世界」に突入しました。「Ｇゼロ」というリーダーシップなき時代においては、強大な軍事力を有するロシアを抜きにして国際資本移動を予測するのは困難になるだろうと感じています。

実際、モスクワで暮らしていると、米国が世界からその存在感を失いつつあることと同時に、ロシアの自信が高まりつつあることを感じます。ここモスクワが、世界の耳目を集め始めているということです。

私自身、このような時代の変化を感じ、モスクワに仕事の拠点を移して本当に正解だったと感じています。というのも、私の職務である為替取引や国際金融市場取引でリターンを挙げるためには、意味のある情報を分析することが必須だからです。

原油市場が国際金融市場を動かす中で、今やロシアの行動を予測せずして為替取引や世界株投資を行うことなど、自殺行為以外の何物でもありません。ネットで情報があふれているといっても玉石混合です。机上でなく足で稼ぐということの大切さを、真の国際資本移動を捉えることの重要性と共に大きく実感しています。

他社のヘッジファンドの運用が失敗している中で、私が運用するファンドが2014年もプラス、2015年も大幅にプラスとなったのは、2013年のオバマ大統領の演説以来、世界の地政学リスクの動向をウォッチすることで、原油市場の動きを正しく予想できたからこそです。

ありとあらゆる国際市場に投資を行ってきた長年に亘る私の経験上、「**地政学リスクとはエネルギー問題と直結した問題である**」と言えます。

世界で1日3000万バレルの原油生産が行われている中で、1000万バレルずつを生み出しているロシアとサウジアラビアは、欠くことのできない調査対象国です。彼らの動き次第で、国際金融市場が動揺する時代に突入していると言っても過言ではありません。

もちろんシェール革命によって日量1000万バレル近くを生み出している米国

も重要な調査対象国ですが、今や米国だけを見て世界の潮流が見えてくるという時代ではありません。

それでは、ロシアとはどのような歴史観を持った国なのか、そして現在の立ち位置はどこにある国なのかについて見ていきたいと思います。

ナチズムへの嫌悪感

私がモスクワでヘッジファンドを始めた２０１４年は、ロシアによるウクライナ領であるクリミア半島の占領が大問題になった年でもありました。と同時に、ナチスドイツに占領されていたクリミア半島の解放から70年目という節目の年でもありました。モスクワのテレビでは「全国民刮目《かつもく》せよ」という内容のニュースが繰り返し流れていたのを覚えています。

第二次世界大戦当時、ソ連はクリミア半島セヴァストポリ市に、地下鉄を内含する大規模地下要塞と10万の兵を配備していました。当時のソ連は、この第４番目の規模を誇り、かつ黒海の要衝でもある大都市を死守する必要がありました。

これに対してナチスドイツは、戦艦大和の主砲を超える超巨大砲を含む、新旧・大小問わず1300門もの大砲をかき集めて猛砲撃を加えます。そして要塞地下深くにある弾薬庫を爆破することに成功、これら大砲が開けた突破口から、短射程の砲が突入し、しらみつぶしにトーチカ群を制圧、1942年セヴァストポリ市は壊滅、陥落しました。

2年後にソ連が奪還したとき、セヴァストポリの街にはわずか7つの建物と独占領前の1％に激減した住民が残されるのみだったと言われています。このクリミア解放戦を含めて、独ソ戦では3000万人を上回る死者が出ており、ロシアではナチスは今もなお最も嫌悪される存在です。

ナチズムは地政学リスクを占う重要なキーワード

実は、この「ナチズム」は、ウクライナ紛争を、またアジア・中東の地政学リスクを占ううえでの重要なキーワードとなっています。

2014年5月9日、対ドイツ戦勝利を祝うロシアの祝日に、プーチン大統領によるクリミア半島の電撃訪問が敢行されました。西側との緊張を高め、経済制裁をあおる行動であるにもかかわらず、プーチン大統領の「ナチズムの再来を許さない」という慰霊の意と共に、ウクライナ紛争におけるロシアの闘争心が表された形となりました。

なぜウクライナとナチスがリンクするのかと言うと、クリミア紛争当時のウクライナ政権には、ナチズムを表明する4閣僚が参画していたためです。

もともとウクライナはソ連によって搾取されてきた反動で、第二次大戦においてはナチスドイツに協力してきた歴史があります。

今回の政変においても、ナチス的ファシズムの思想を持つ最右翼グループが武力闘争の核として貢献し、革命政権に参画してきました。このことは、ウクライナ革命政権に対するロシア国内での拒絶反応を一致団結で産むことにつながり、「ウクライナ革命政権はファシズムである」との徹底したプロパガンダをロシアは国内外で打ち出していきます。

イスラエルはなぜロシアに目を付けたのか

そして、それに最も敏感に反応した国がイスラエルです。ユダヤ人虐殺の過去から、同じようにナチズムへの徹底的嫌悪を有するイスラエルでは、ロシアの行動を是とする声が高まったためでした。

また、イスラエルでは第2公用語がロシア語と言われるほど、露系ユダヤ人の人口が多く、ロシア寄りの姿勢に抵抗がないこともベースにあります。国際決議でのウクライナ紛争に関する対露制裁議案に対して、イスラエルは棄権、従来の米国協調路線に一線を画し、ロシア協調路線を取り始めました。さらに、イスラエルがロシア依存を高める決定的な要因となったのは、米国のイランに対する宥和政策です。

イスラエルの巧みなディフェンスとオフェンス

では、イスラエルの中東における立ち位置はどのようなものなのでしょうか。

そもそも、イスラエルの不倶戴天の敵はイスラム・シーア派の盟主イランです。そのイランが中東で支持するシリアとアルメニアは、イスラエルからすると〝悪の枢軸〟とも言うべき軍事同盟であり、その軍事同盟の後ろ盾となっているのがロシアです。兵器の販売先としてシリアとアルメニアに権益を有するロシアは、イスラエルにとって長年にわたって敵であったわけです。そのことは、米国、アゼルバイジャンとの軍事同盟によってイラン・ロシア連合へ対抗してきたことからも明瞭な事実です。イスラエルは特に、イランの核問題には国家存亡の危機をかけて対応してきました。

当初オバマ大統領は「あらゆる選択肢を排除しない」と、イランの核問題に対して軍事行動の可能性を示唆していました。しかし突如、イランへの経済制裁を部分的に緩和するという宥和政策に転じ始めます。

２０１３年11月、イランと欧米６ヶ国の間で核兵器への転用が可能な濃縮度20％のウランの生産をイランが停止することを柱とした「第一段階」の合意が成立してからのことです。

その理由は、シェール革命によって中東の重要性が米国にとって以前と比べて低くなってきたからです。また、財政問題の余波から向こう10年で4000億ドル（約40兆円）に及ぶ大規模軍縮に直面している米軍には、もはや中東問題に対応する力がなくなってきているためでもありました。欧米6ヶ国とイランは結局2016年1月17日、包括的な合意を成し遂げます。イランの核開発の縮小が履行され、西側による経済制裁は解除されました。

しかしイスラエルにとって、この合意は脅威以外の何物でもありませんでした。イランにはウラン濃縮活動の停止に合意しながら反故《ほご》にしてきた前科があり、イスラエルにとって国家存亡の事態に発展する深刻な状況になってきたからです。

そこで米国に代わる存在として目をつけたのが、ロシアでした。ロシアはシリアの化学兵器管理問題で大きな国際紛争調停能力を見せつけた経緯があります。そのロシアにすり寄る形で、「核戦争」という最悪のシナリオを避ける可能性を探り始めたとも言えます。

このようにイスラエルは、ディフェンスをロシアとの協調という形でとりつつ、一方で、オフェンスも忘れていません。ガザ地区への積極策を打ち出し始めました。

2007年のパレスチナ内紛の際、ムスリム同胞団の支部であるハマスが親米派のファタハをガザ地区からヨルダン川西岸地区に追放。ハマスを敵視するイスラエルは、ガザとの境界で物資の流れを大幅に制限しました。反発したハマスは断続的にロケット弾攻撃を行い、内戦状態のシリアや、レバノンにいるイスラム武装組織ヒズボラがハマスに呼応してイスラエルに攻撃を仕掛ける事態も懸念されます。世間の目がウクライナやシリアに向かう今を絶好の機会として捉えてもいるようです。

このように他国の大きな行動をもたらす触媒として、ロシアの存在感が大きくなってきています。ユーラシア大陸の真ん中にどっかりと腰を据えて欧州最大の国家として、中近東の番人として、極東の最大のエネルギー供給者として、その存在感を大きくしつつあるのが現在のロシアなのです。

クリミアを支配する複雑な状況

地政学リスクの高まりの推移を考えていくときには、やはりウクライナ紛争の分析も欠かせません。欧米西側によるロシアに対する経済制裁の効果と今後の国際資本移動展開を推し量る必要があるからです。クリミア半島問題の分析も必須です。キエフでの実地調査や分析を進めるうえで強く感じたのは、欧米の主張ともロシアとも異なる、クリミアに住む235万人の現地住民の生活が疲弊している実情です。ロシアがクリミア併合の大義名分を掲げて軍事介入に踏み切ったのは、差別されていた「ロシア系住民の保護」と説明されてきました。ところが、当のロシア系住民たちは「迫害などない」と言っています。ただ、ロシア側の武装兵らがにらみを利かせる中では、反対派は抗議をしたくてもできなかったのでしょう。

一方、反対派はごく一部であり、クリミア半島の現地住民の大半が、ロシアに多くの希望を抱いているのも事実です。このように、クリミアを支配しているのはかなり複雑な状況です。

ロシアがもたらす経済的利益に期待するクリミアの人々

クリミア半島はウクライナ最大の観光地域です。ロシアによる併合前には年間800万人だった観光客は、3分の2を占めたウクライナ人を中心に大幅に減少する形となりました。今はロシア人がその観光客の減少の穴埋めをしている状況です。マスターカードとVISAカードは業務を停止、欧州系銀行も撤退。預金封鎖に近い形でATMも稼働しない中、2014年の併合当時は現金のみの使用となっていました。現在の法的通貨であるロシア通貨と主要流通通貨であるウクライナ通貨の交換レートは日々二桁の%で推移するという極めて不安定な状態で、インフレ率は当時前年度100%程度となっていました。

ロシア籍航空会社限定という航空運航の状況もあって、外国人観光客が急減しているのが現在のクリミアです。西側経済制裁の負の影響を最も感じているのはモスクワではなく、クリミアの人々です。農業用水も電力供給もウクライナの嫌がらせでたびたび断たれ、日常生活の安定性が損なわれている状況です。

そんな中、ロシアがもたらすであろう将来の経済的利益への期待だけが、住民の平静な対応をつなぎとめているように思えます。巨額にのぼる米財政赤字のつけが、米軍の軍縮とプレゼンスの低下につながり、その過程でクリミア半島の住民にそのツケが回ってきている状況だとも言えます。莫大な予算カットの影響で米軍が行動を制限されており、この隙を狙ったロシアの行動が今回のクリミア半島の併合につながっています。

しかし、これは他人事とは言えないのではないでしょうか。近い将来、必ず日本国民に対しても、米国財政破綻の影響が軍事、政治、経済を問わず、広範囲に鮮明に莫大にもたらされて来るに違いありません。ウクライナ紛争の問題から、どのようなインパクトが日本国民生活にもたらされるのかを真剣に考えておく必要があります。

ロシアの独自経済圏形成ストーリー

クリミアやウクライナ紛争の分析を経て、私は次のような「ストーリー」を導き出しています。

長期的視点としては、プーチンは「Gゼロの世界」を見据えて独自経済圏を形成する行動をとり始めたということです。

中期的視点としては、ロシアからクリミア半島へ莫大な直接投資が行われるであろうということです。これは戦前の日本の満州国への態度に通じるものがあります。

クリミアを豊かにし、ウクライナ国内でのロシア併合に対する賛同者の増加を目論んでいるのでしょう。今後ロシアは、ウクライナに関しては宥和政策をとるものと考えます。西側からの経済制裁に対して時間稼ぎをしつつ、中長期の目標である独自経済圏形成へ道筋をつけていくことになるでしょう。

また、もう一つの中期的視点として、クリミア半島に投資ブームが形成される可能性は大だと感じました。現地から聞こえてくるものは、大型不動産投資の成案であり、現地住民が銀行預金封鎖によって失われた金額の70万ルーブル（約200万円）までの補填、現地渡航費の大幅カット（大統領命令によりモスクワ・シンフェローポリ間の往復航空運賃を7500ルーブル（2万円前後に統一）など、大小多岐にわたってクリミア半島に有効需要を産み出そうとしています。実際に不動産投資家の数は一気に5倍となっており、たった数ヶ月で現地アパートの値段は50～60%の上昇を見せていました。

その一方で、私が憂慮しているのは、「ブロック経済到来」の可能性が高まったことです。クリミア半島の中心都市セバストポリは軍港としても名高く、黒海に冠たる不凍港として何世紀にもわたってロシアの垂涎の的だった場所です。

しかし、軍事的緊張感はほぼなく、古い軍港と古い艦船が横たわっているだけの現地の姿からは、ロシアは決して新聞などで言われるように軍港を死守するためにクリミア半島を併合したわけではなく、別の主要目的が伝わってきます。

今や長距離ミサイルさえあれば、軍事的影響を敵に与えることができます。ロシアにはすでに空母艦隊を擁するムルマンスク軍港もあるので、軍港としてのセバストポリにこだわる必要はありません。となると、その目的とはすなわち、**クリミア半島に成功モデルを人工的に作成することで、ロシア独自の経済圏「ユーラシア経済共同体」を形成する大きな道筋をつける**というものです。

「大ロシア形成」という悲願に向けたＥＡＥＣの創立

ユーラシア経済共同体（ＥＡＥＣ、EurAsEC）とは、ロシア、ベラルーシ及び中央アジア４ケ国からなる経済共同体を指します。２０００年10月、形骸化した関税同盟を解消してユーラシア経済共同体（EurAsEC）が創立されました。当初の参加国はロシア、ベラルーシ、カザフスタン、タジキスタン、キルギスでしたが、２

006年にウズベキスタンが加わりました。目的は、加盟国の経済貿易、社会、文化、法律分野の協力に必要な条件を整えることとなっています。2010年1月、ロシア、ベラルーシ、カザフスタンとの間で関税同盟を結成。2012年3月、3ヶ国間の経済統合をより進展させるため、「共通経済空間」と呼ばれる共同市場の創設を提案します。

このことについて、プーチンは「かつてのソビエト連邦のような共産主義国家の復活を意味するものではない」と述べていますが、一方で「ソ連崩壊は20世紀最大の地政学的惨事」とも発言しています。

ロシア、ベラルーシ、カザフスタン3国で1億7000万人、1兆7000億ドル規模のGDPであること、また、「20世紀最大の悲劇はソ連の解体であった」というプーチン大統領自身の言葉に見られるように、大ロシアを形成する悲願達成に向けての第一歩が今回のクリミア半島での出来事であったと思われます。

クリミアの経済的成功のためにロシアが取った施策とは

クリミアでの経済的成功は、ウクライナ国内、特にウクライナ東部におけるロシア併合を望む声の増加を促すことも考えられます。今後10年は、ロシアにとってそのための大事な期間です。ロシアからの観光客が毎年８００万人を超えるかどうかが試金石となっているため、継続的なインフラ投資は欠かせません。長期的な経済圏形成の大きな第一歩である以上、クリミア現地住民の期待を満たす必要があるためです。まずは短期的に金融信用状況の改善と経済的有効需要の創出を行い、住民の生活を向上させる方向です。

その具体的手段として考えられる手法は主に2つあります。

1つはクリミアの経済特区化によるカジノの誘致とそれに伴う観光振興。もう1つは西側に対する宥和政策です。ロシア政府はクリミアにカジノを併設するホテルが建設できるように賭博向け特区の制定に入りました。２００９年以来、ロシアでは、ウラジオストーク、カリーニングラード、アゾフ、クラスノダールの4地域を除いてカジノは禁止されているのですが、メドベージェフ首相報道官声明によると、賭博向け特区制定に向けて政府は既に動き出しており、賭博向け特区になった場合、「特別経済区」として外国人投資家の権利の保証が強化され、投資益に対する減税、法人税減税の対象にも入ってきます。

２０１４年3月19日に東京で行われた日露投資フォーラムで、経済発展省のリカチェフ次官は観光進展に向けたインフラ整備費用として38億ドル（約３８００億円）、最高50億ドル（約５０００億円）が必要であろうと述べていました。

また、ロコソフ運輸担当相によると50億ドル（約５０００億円）を投じてロシア本土クラスノダール地方とクリミア半島を隔てるケルチ海峡に自動車鉄道海上橋の建設が決定され、建設が進んでいるとのことです。クリミア半島財政支援策として１０００億ルーブル（約１７００億円）が投じられていてその額は増える一方です。さらに公的年金や公務員の給与をロシア水準と同様にするなど、住民の懐柔は続きます。

こうした莫大な資金が投じられているのを見ると、ロシアによるクリミア併合は長期的な目的を持った行動であり、無計画なものではなかったんだろうということが窺い知れます。

ちなみに2016年現在、クリミア半島への旅行客はロシア人がほぼ全てで、2015年時点の550万人に比べて650万人ほどが見込まれているようです。それでも、占領前は800万人だったので、来訪していたメドベージェフ首相に住民が怒って詰め寄るシーンがテレビで放映されていました。

お金の支援を求める住民に向かって「お金はないけど、安心してください。いつも見守っていますす」と言ったメドベージェフ首相のお笑いコメントがスキャンダルになっていたものです。

今後のロシアの動きと日本の脅威

ロシアは欧米による経済制裁の影響から相次ぐ格下げを受け、国債がジャンク債と化しました。そして、自国通貨防衛策として二桁台にまで政策金利を引き上げてきました。2016年は持ち直し始めているものの、GDP成長もマイナスになるなど、内需が振るわない状況となっています。

クリミア半島への莫大な費用を賄うためにも、ロシアとしては西側との関係を修復し、外需振興につながる天然ガス輸出を活性化するなどして資金調達を行うことが最も重要な課題となっています。

ロシアとしては西側、特に欧州への譲歩としてウクライナ東部の静謐の維持や中東の要石となることを厭わない姿勢を示していくことは自明です。

株式市場をはじめとする国際金融市場では、ロシアの宥和政策を好感する可能性が高くなってきています。しかし、恣意的な宥和政策である以上、力をつけてしまった後の展開は、予断を許さない状況になっていくでしょう。

日本にとっても、ロシア発のニュースによる影響は今後大きくなることが予想されます。長期的視点から考える場合には、ロイターの記事が参考になります。

クリミア併合のロシア側の動機を理解するには、米ハーバード大学のマイケル・サンデル氏が著書『それをお金で買いますか――市場主義の限界』（早川書房）で示した道徳的な難題を考えることが有用であるというものです。

同書によると、イスラエルの保育所で、子どもを迎えに来る時間に遅れた親に罰金を科すことにしたところ、時間に遅れる親が逆に増えたという結果となりました。親は時間通りに迎えに行く道徳的義務を感じなくなり、時間を厳守する代わりに発生する罰金をベビーシッター料金とみなすようになったためです。つまり、この保育所は、意図せずしてこれまでの道徳的な関係を〝経済的な関係〟に変えてしまったのです。

同様に、欧米諸国による対ロシア制裁は、軍事・外交問題を経済的な問題に変化させています。オバマ大統領もこの点を明確にしており、自身の行動を説明する際に「一段の代償」や「ロシア経済に対して」などの言葉を繰り返し使用しています。しかし、ロシアにとってルーブル安や経済停滞は、クリミア奪回のために支払う価値のある「代償」であるのは明らかです。だとするならば、おそらく中国も尖閣諸島をめぐっても同様の結論に達する可能性が高まっています。

日本の取るべき道は、中国による尖閣諸島侵攻の排除

もちろん日本も黙って見ているわけではありませんし、２０１３年の靖国参拝以

降、安倍晋三首相の言動に「歴史修正主義」のレッテルを貼ってきた欧米メディアでさえ、２０１４年以降の強硬な日本の安全保障政策の正しさを認めざるを得なくなってきたのは記憶に新しいことです。

たとえば、米ウォールストリートジャーナル紙では「安部首相側に立つオバマ米大統領、日本の積極的集団安全保障体制構築努力に敬意」と、クリミア併合や南沙諸島の緊張が高まって以降、その論調が変わってきています。

集団的安全保障問題への積極態度は従来、安倍政権を不安定化させる種だったのですが、中国の南シナ海積極政策への東南アジア諸国からの要請もあって、逆に政権の安定化に寄与する形になり始めています。

要は、世界情勢が準非常時体制に入ったという認識が世界中でシェアされ始めているわけです。『防衛大綱』（２０１４年）にも、「領土等の経済権益を巡って、純然たる平時でも、有事でもないグレーゾーンの増加、長期化が重大な事態に転じる可能性」とあります。

こうした中で、ロシアとの寧月関係で後顧の憂いがなくなっている中国が、難癖をつけては尖閣諸島に侵攻してくる可能性をできるだけ排除することが日本にとっての探るべき道です。

私はかつて、大坂城真田丸の跡地にある中高一貫の男子校に6年間通っていました。そこは今からちょうど600年前、豊臣秀頼が徳川家康によって攻め滅ぼされた大坂の陣の最前線基地でした。その戦のキッカケは「国家安康」という秀頼が奉納した方広寺大仏殿の鐘の銘が、家康という名前を分断しているという難癖からなし崩し的に始まったものでした。

日本がどんなに平和外交だと言っても、憲法9条があると言っても、中国にとって、海洋進出上、また、地政学的に魅力的な位置にある我が国は「日本、マジいなくなってほしい」という存在なわけです。中国が、かつての徳川家康のように虎視眈々とその期待を叶えるチャンスを窺っている可能性は否定できません。

過剰貸付の不良債権化から急激に経済が悪化している中国では、外征による国民不満のガス抜きの必要性があります。日本の政権基盤がしっかりしていて、地政学リスクに対応できるか否かにアジアの地政学リスクや金融市場の安定がかかっているとも言えましょう。

まとめ

- 地政学は、地理と歴史との間にある関係性を読み解く学問である
- 米英とロシアでは過去、バルカン半島や中東、極東などのリムランドの争奪戦を繰り広げてきた
- 近代・現代の東アジア情勢は、米露のパワーバランス次第で決定されてきた
- 米露のリムランドでのバランスが崩れる時、朝鮮半島や南洋での中国の動きが活性化する
- 対中国の防波堤として、朝鮮半島における南北朝鮮の存在とその平和が日本の平和となり国益となる

第4章

シミュレーション思考に必須の「リスク管理」

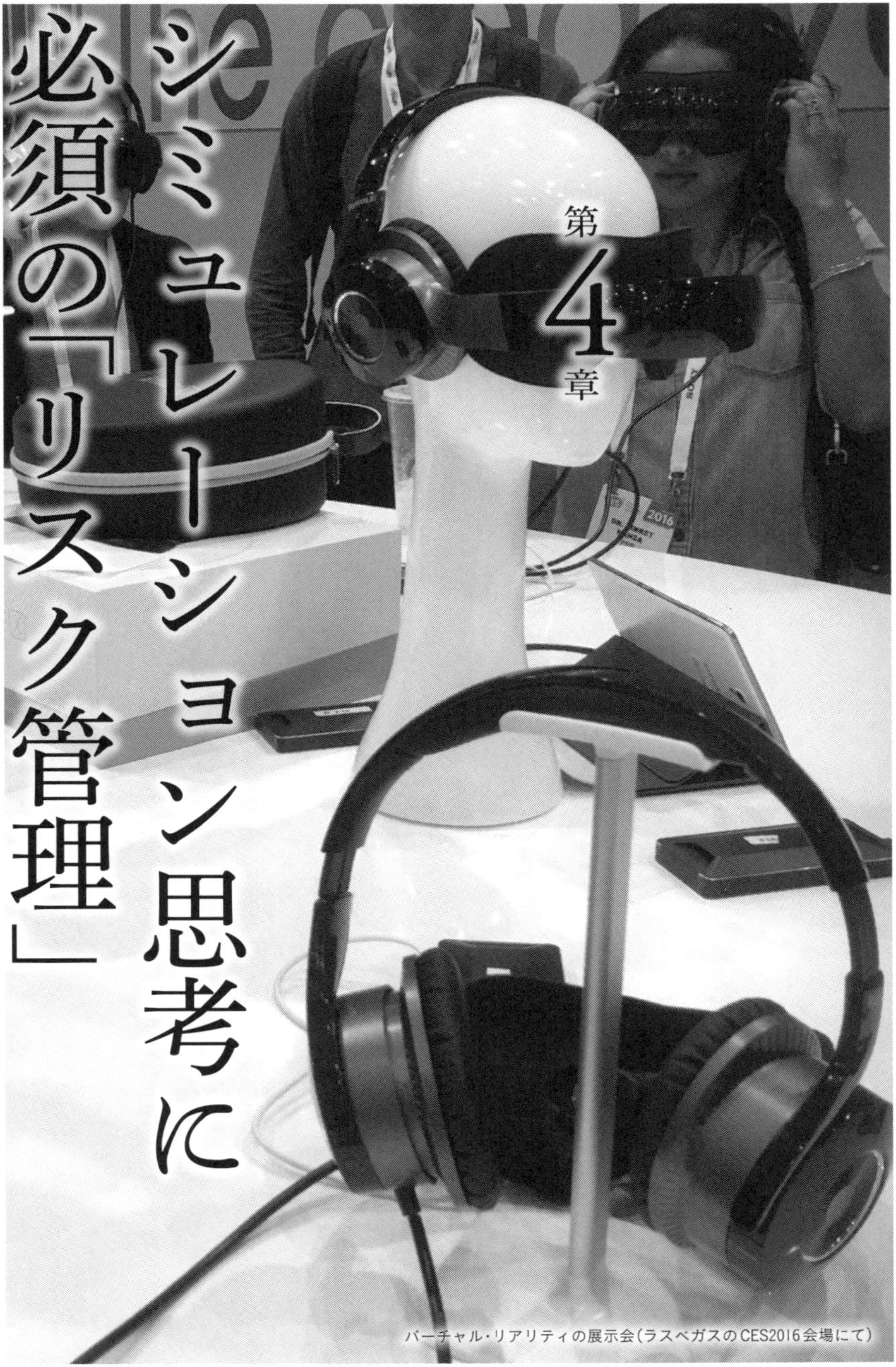

バーチャル・リアリティの展示会(ラスベガスのCES2016会場にて)

ここまで、未来図を描くためにはまずストーリー創りを行ない、シミュレーションをすることが大切だとお話ししてきました。またその過程では、「お金の歴史」「地政学」「世界への好奇心」の3点を軸にハコを創ることが大切であるとお話をしてきました。

そこでできあがった未来予想図は、あなたにはもちろん、あなた以外の人にもきっと説得力を持つストーリーになるはずです。

本章では、三つのストーリーを通じて、そのハコづくりの注意点についてご紹介します。ある意味ではあなたの未来図にとっての〝リスクシナリオ〟として機能することでしょう。

また、ご紹介するストーリーが示唆するような事象が起きた時に、あなたのストーリーをスムーズに軌道修正するその手助けになっていくはずです。多極化によりさらに戦いの激しさが増す「Gゼロの世界」でぜひ役立ててほしいと思います。

01

自然災害から起こり得るストーリーを考える

南海トラフ大地震からリスクストーリーを考える

２０１６年4月、折しも東日本大震災から5年が経ち、自然災害の恐ろしさに対する私たちの記憶が薄れかかった頃、九州で熊本地震が発生しました。熊本城の石垣が無残にも崩壊した姿は、私たちに自然災害への備えの必要性を改めて認識させるものでした。

今回の熊本の地震は、次なる大地震を誘発する可能性があると言われています。その地震とは、南海トラフ大地震です。

大規模な地震が来たときの「ストーリー」を事前に考えておくだけで、何をどう

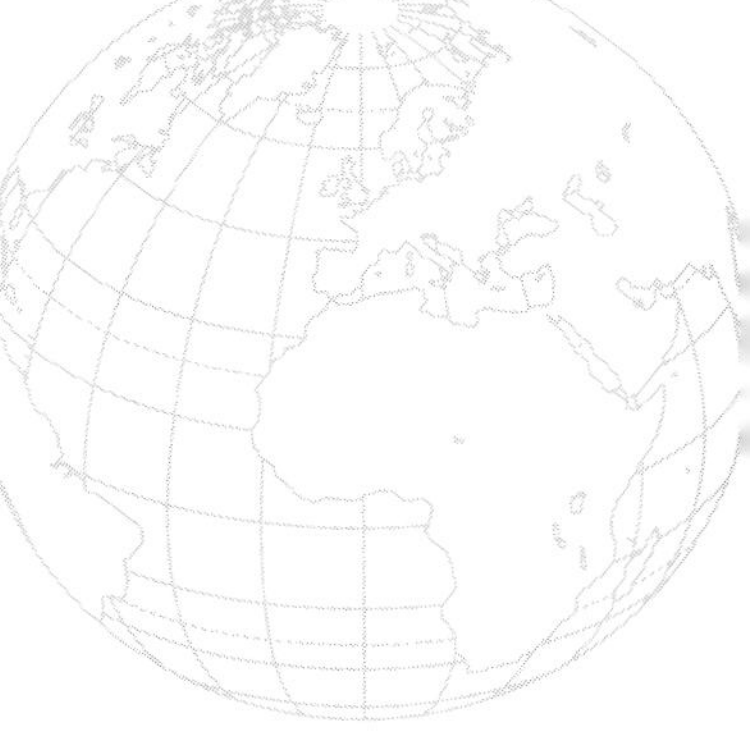

備えれば良いかが見えてきます。

まずは、命を守るための方策をストーリーから見つけていきましょう。地震が発生するとどのような場面に遭遇するでしょうか。考えていくと、その方策が見えてきます。なお、地震下での状況は、熊本地震や東日本大震災で被災した多くの方々への実際のインタビューを基に構成したものです。

・部屋中がモノで散乱し、備蓄しておいた避難物資が見つかりづらい（特に電池やライターなどの小さいものが見当たらない）
↓夜であればなおさら見つかりづらくなる

・電話がつながらないので家族と連絡が取れない
↓不安が増殖する

・テレビが見られないのでオンタイムの情報が入手できない
↓人や声、情報を求めて屋外に出る動機になる

- 避難所がどこなのかわからない

↓皆についていく

- 家では家具が倒れ、食器が割れ、本棚から本が落ちるなど落下物が散乱。スーパーやコンビニでは商品棚から商品が崩れ落ちて散乱

↓思考が麻痺する

- 崩れたブロックが道をふさぎ、道路に亀裂も見られる。安全に歩けない

↓動くことすらままならない

- マンションやビルのエレベーターは停電で動かない

↓屋内待機となりがちとなる

- 停電が続き、夜になると辺りは真っ暗

↓家にいても何もできない

・オール電化の住宅では停電になるとお湯さえわかせない
↓屋内にいることの不便さが際立ってくる

・カセットコンロも寿命があり、暖をとるためには使えない
↓インフラとしてのガスのありがたみが身にしみてわかる

・期限切れの電池しか見つからない
↓電池は寿命があり、せいぜい3年しか持たない

・携帯電話のメールだけは使えたが、あちこちから安否確認やお見舞いの連絡が入り、あっという間にバッテリーが切れてしまった
↓インフラとしての電力がない中で屋内生活は困難となる

・停電が続く限り、夜は真っ暗闇。不安に押しつぶされそうになる
↓余震も続き、屋内で暮らしていくことが精神的に困難となっていく

過去から未来をイメージする

いかがでしょうか。

災害時に迫り来る苦労と恐怖、不便さが想像以上だということを理解してもらえたでしょうか。

しかし、「ストーリー」があれば、ムダな苦労を味わう必要はありません。何をどう備えれば良いかが見えてくることを理解してもらえると思います。**「ストーリー」を創ってシミュレーションを行う過程には、物事を可視化する力があるの**です。そして、**「備える」という行動に結びつける力を与えてくれる**のです。

大災害の到来は誰にも予測できません。しかし、生活インフラを自前で整備できるなら、どれほど気持ちに余裕ができることになるでしょう。

しかも、それは何も大それたことではないのです。スマホと発電機と電気プレートと水と食料、これを普段から蓄えておく、これで十分です。

大火災が起きた場合、停電などのインフラの停止は、最低1ヶ月は続くと言われています。行政の機能は麻痺し、夜は暗黒となる都会では、治安が悪化していきます。伝染病の危険もあります。やはり耐震構造のある家屋内にいるのが賢明な選択であることが予想されます。

加えて、パニックになり、思考能力の低下する中であらゆるリスクが顕在化している屋外になど出歩くべきではありません。避難場所ですら、大量の人々が押し寄せている、身動きができない環境となっていた場合には、もし火事が起きたら、将棋倒しなどで命を失う危険性もなきにしもあらずなのです。

水素燃料電池を用意するなど、**自前のインフラをちょっと整備することで、屋内待機という最も簡単で安全な行為が可能になります（図7で説明しています）**。

自宅や会社にいて、ラジオ、テレビ、インターネットなどから冷静に火事の動向を追いながらも、時間が経つにつれて本格化していく自衛隊の救援活動に確信が持てるまでの間はみだりに出歩かないことが肝要です。

図7　水素燃料電池の紹介

	エンジン発電機	水素燃料電池	太陽光発電システム
容量	500whr	1200whr	設置量次第
動力源	ガソリン	水	太陽光
重さ	20～30kg	最大7kg	300kg以上
騒音	801dB以上(近所迷惑のため使えない)	静音運転	エアコンの室外機程度
寿命	ガソリン最長1年	10年後の放置状態でも発電	耐用年数17年
安全性	一酸化炭素中毒の可能性	排気は水蒸気のみ	感電及び出火の危険性(メンテナンス・地震災害状況による)
一戸建て	△においと騒音	○	○
アパート・マンション	×	○	×
野外での使用	○	○	×
夜間使用	△騒音	○	×
緊急時の対策	△ガソリンが無い使用不可	○	×
価格	5～10万くらい	55万円(税別)	100万円以上

詳細はこちら

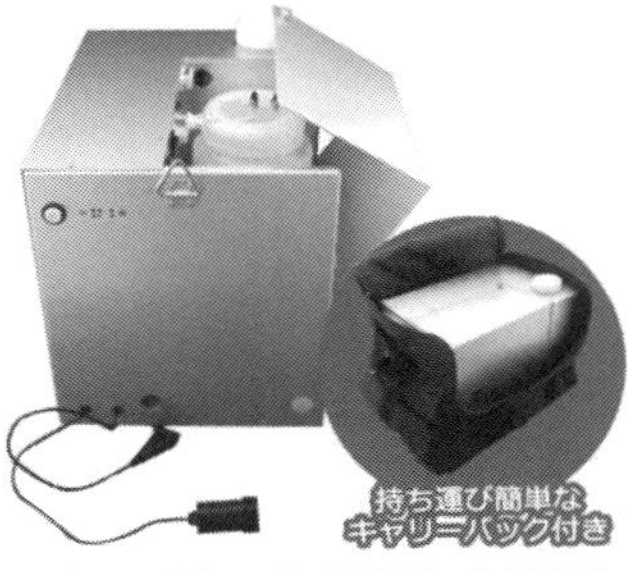

水素発生方式ポータブル燃料電池　AF-EFE30H

災害時は投資運用の一時停止を

大きな自然災害が起きた際、金融市場での運用は一時停止するべきでしょう。大きな動きに振り回されてしまうからです。

ただし、為替は災害後、円高に振れる可能性が非常に高いと考えています。保険の支払いの観点から外国資産を売却して円に戻す動きが生保から出るためです。また、９・１１のときのように、金融機関が動きを停止するために、円の目詰まりが起きることから、円のニーズに対して過小な供給しか行われないことが円高を引き起こす可能性があります。

今後30年の間で60％以上の確率で起こり得ると言われている南海トラフ地震による被害を、政府は以下のように予想しています。

- マグニチュード９・１
- 死者・不明者　32万３０００人

・全壊全焼建物　２３８万棟
・南海トラフ大地震による被害総額約２２０兆円（国家予算の１年分）

この空前絶後の被害に匹敵する過去の地震は、関東大震災です。
１９２３年（大正12年）９月１日に起きた関東大震災では、

・マグニチュード7・9
・死者・不明者　14万２８００人
・全壊建物　12万８０００棟
・全焼建物　44万７０００棟
・被害総額　60億円（当時の国家予算の約1年4か月分）

という大被害をもたらしました。地震後１３８箇所で起きた火災は、たった2時間で東京市の半分を呑み込みます。結局、この火災による被害が多くの死者と損害をもたらしたのです。被服廠跡地だけで3万８０００人の方が亡くなりました。

震災と資産はセットで考える

日本にとって、この地震の後に、本当の地獄がやってきます。命の次に大切なお金が、金融恐慌発生に伴う銀行破綻とともになくなってしまったのです。

当時、日本中で保険が販売されていました。特に日清戦争以降、徴兵保険を基盤として火災保険まで、13種類の保険が30社あまりの保険会社から販売されていました。地震発生時の１９２３年では、日本人は６億９９６３万４０００円相当の生命保険を購入していたので、関東大震災の被害は、ほぼ民間の保険会社がカバーするものとなっていたのです。

ところが、地震による損失額の合計は保険掛金の10倍にあたる60億円と莫大なもので、到底その損害を埋め合わせることなどできません。

結局、日銀特融などの超法規的な金融貸し出し対応が、被災した金融機関や企業に行われていきますが、無理がたたって、昭和金融恐慌が発生します。ありもしない売掛債権を、「焼けてしまった」と虚偽報告し、不正に日銀特融を借り受けていた多くの企業への貸出が不良債権化します。結果、多くの銀行が連鎖倒産していきました。預金も保護されず、多くの人が路頭に迷うことになりました。関東大震災から4年後の1927年のことです。

南海トラフ大地震が起きた場合、日本の金融機関に預金を行い、日本円を使用して生活をしている以上、日本中の人々にその悪影響が出ることを覚悟する必要があります。

今のうちから、あなたの資産のうちの何割かを海外資産で保有しておくことをお勧めします。これは資産運用という観点からではありません。将来の生活のための保険という観点からのアドバイスです。

それでも多くの人が大部分は国内資産として保有しているはずです。

ここで一点注意があります。地震が起きた後は、必ず大規模な金融緩和と国を挙げての国土再建が行われるはずです。不動産価格は持ち直しを見せる確率が非常に高いので、慌てて安値でお手持ちの不動産を売却することのないようにしましょう。

02

中国の台湾侵攻というストーリーを考える

リスクシナリオを用意しておくことが大切

私たち日本人は、世界でもよくよく運の強い民族です。２０００年もの間に、国土が戦場になったことが二度しかないという国は他に類を見ません。

しかし、個人も国家も同じことですが、ツキとはいつまで続くか保証はありません。いつかツキが尽きるときに備えて、それなりの対策を立てておく必要があります。

近代まで日本の周辺に安定をもたらしたのは、海に囲まれているという地理的環境に加えて、超大国の存在でした。つまり、中国の圧倒的な優越です。

超大国が存在するときほど安定した世界はありません。ある国の国土や人口の大きさ、歴史の長さから来る文化水準、政治経済力、軍事力が周辺諸国のそれを圧倒するときほど、世の中はその国を中心に制度を整えて、国家を統治していきます。

中国の場合は、一般的に周辺の諸民族に宗主権を要求するだけでした。外征が割に合わなかったからです。特に、朝鮮半島に強力な防波堤として専制独立国家が存在することが長期的に続いていたため、日本は安穏として、地方分権などと言っては、平和な封建制度を採用できていたのです。

しかし、元寇の時のように、中国（元）と朝鮮（高麗）が一体になった瞬間、北九州が日本防衛の最前線になり、悲惨な決戦を強いられたことは歴史の教訓です。

今後のリスクシナリオの一つとして、中国の長年の課題だった「台湾への侵攻が発動される」というストーリーが挙げられます。最悪かつ示現確率が低いとは言えないこのストーリーは、中国にとって外征が採算の取れるものであることを意味していると言えるでしょう。

中国侵攻のストーリー

ここで、日本が直面する可能性のあるストーリーについて考えてみます。あなたが、その時日本の総理大臣だったとして、次のようなシーンに直面したとしたら、どのように対応されるでしょうか？　ぜひシミュレーションしてみてください。

＊

「米大統領がさらなる軍縮を強行した結果、日韓にある米軍基地は返還され、そのときから石が坂を転げるように、韓国はすすんで中国に取り込まれていきました。『北朝鮮の併合』という餌に食いついて、中国の衛星国になっていくことを選択したわけです。中朝が一体となった現在の軍事力は日米との軍事的均衡をとるほどの大きなものになっています。」

ここまで首相秘書官の進講を受けていたとき、防衛大臣が首相執務室に駆け込んできました。「中国が台湾を一斉攻撃している模様です!」

すぐに、台湾が「日本に集団的自衛権の発動を求める」との第二電も受け取りました。米軍の及び腰を見て取った中国が賭けに出たと唇を噛み締める間もなく、「韓国は『台湾問題は内政干渉に当たる』としてダンマリを決め込んだ模様」との第三電を受け取りました。続いて「米国は国連決議にかけると同時に対中経済制裁を発動する」との第四電が入りました。

「なぜアメリカは即時に軍事行動を起こさないのだ!?」

ホットラインであなたがまくし立てるのを米大統領は黙って冷静に聞いています。

そして、一言。

「アメリカ本土が核の脅威に晒される可能性があってはならない。核を持たず、核戦争を引き起こす可能性がない日本こそが台湾を軍事援助するべきである。その際、アメリカは物資支援から金融支援まで全面的に日本をサポートする。グッドラック！」

呆然とするあなたの頭を巡ったのは、沖縄の米軍嘉手納基地が数年前に返還されたことを嬉々として受けたことへの激しい後悔の念でした。

「アメリカはすべて悟っていたのだ、この日が来ることを」

*

このようなやり取りは絵空事ではなく、すでに米国の軍事研究所で発表されている想定をベースに創ってみたものです。

２０１５年、米ランド研究所の米中戦力分析では、台湾有事の際、米軍の最前線基地となる沖縄県の嘉手納基地で緒戦の中国のミサイル攻撃で基地は一旦閉鎖を余儀なくされると報告しています。加えて、中国軍が台湾侵攻を行う際に必須のそのミサイル攻撃力は、２０１０年で米軍と互角に、２０１７年には中国が優位に立つと結論づけていました。対艦弾道ミサイルや潜水艦による対水上艦戦闘力においても、です。そのミサイルの命中精度は誤差5～10メートルへと飛躍的向上を遂げていると報告されていました。

そのXデーには嘉手納基地が中国のミサイル攻撃を受けるのは必然です。第一次世界大戦のように連鎖で米中核戦争に至るのを防ぐために、沖縄嘉手納基地を日本に返還する可能性は否定できないものとなっています。

しかし、台湾という日米にとっての不沈空母が沈没した場合、尖閣諸島はおろか、沖縄も同じ憂き目に遭いかねないことを考えれば、中東につながるオイルシーレーンの防衛も風前の灯火となってしまいます。核の傘がない中で自衛隊が台湾を独自支援などできるわけがありません。

このように考えた場合には、首相官邸の周りを、「集団的自衛権反対」のシュプレヒコールを上げる人たちこそが、まさに将来に禍根《かこん》を残す人たちに見えてきます。台湾を失うことは日本の生命線が切れることです。何とか、台湾や尖閣諸島における紛争の種を刈り取っておく必要があるわけです。

対中宥和政策の先には、チベットやウイグルのような世界が待っているに違いありません。どんどん中国人が移住してくる中で、日本人は鉢植えのように違う国に強制移住させられるということも、現実の問題として捉える必要があるはずです。これは、中国が中央アジアで実際に行っていることを見ると予測できることです。

日本は中韓接近という最悪のシナリオを用意しておくべき

以上の話はもちろん、あくまでフィクションです。しかし、沖縄米軍基地というお守りを日本は失ってはなりませんし、失うのであれば、英仏のように自国独立が脅かされない程度の自衛隊による核武装は必要な手段であると考えられます。

2013年に「世界の警察官をやめる」と明言した米国からすると、中国に肩入れし始めている韓国の切り捨てのほか、北東アジアからのプレゼンス引き揚げも、非現実的な話ではありません。トランプ大統領候補が言うことにも一理あります。56万人から45万人まで軍人の数を引き下げ、超軍縮を履行しなければいけない米軍にとって、在韓米軍の2万8000人の削減は魅力的な話です。

中国にとっての防波堤を北朝鮮が担っている現在、中国への脅威を直接感じていない韓国からも、対中宥和は抵抗感が低いということもあって、現状の中韓接近が加速する可能性があります。「中韓接近」という、冷戦構造では説明のつかない状況と日米韓による対中包囲網形成に綻びが出る可能性は、リスクシナリオを頭に入れておいたほうが良さそうです。

その際には、パニック反応を示す形で、日本国内世論が「核保有と国防軍創設・空母保有」といった国防費増大を容認する方向へ動くことが想定されます。外交方針としても、北方領土妥結と対露宥和が行われるとともに、日米露印による中国包囲網をより強化することにつながっていくでしょう。

その萌芽はあって、米日印の海軍が手を握る方向で協議が進められています。原子力潜水艦の保有も米軍が特別にインドに認めたのはこういう地合いがあったのです。経済的には、TPPを推進し、中国の排除とロシア取り込みを狙う方向が明示されていくでしょう。日本がアジアにおける米国の要として期待されると共に、お金と防衛を米国から肩代わりさせられる代償として、自国外交への自由度が広がることが考えられます。

その際に「対中宥和」という選択肢は、韓国という喉仏に刃を突きつけられている以上、全面妥協（最上位……中国、次位……韓国、最下位……日本）となる以上考えられません。軍事費の増大を伴う右傾化とＴＰＰというブロック経済推進の柱へ舵を切ったほうが、中国に属国化されるよりも良いのです。

北朝鮮へは、韓中への牽制という立場から、日本外交として、宥和政策が採用される可能性があっても不思議ではありません。

03 高齢化による生活不安というストーリーを考える

人口減少が日本に与えるインパクト

「少子高齢化」という言葉を聞いて久しくなります。この言葉に鈍感になってきているのは私だけではないはずです。そのため、少子高齢化を数値に置き換えてその意味を突きつけられたとき、衝撃を受けてしまいます。

まず、子どもが少ない云々以前に、老人がどんどん亡くなっていく世の中が少子高齢化社会です。号外が出たので、記憶に残っている方もいるのではないでしょうか。２０１５年は１９２０年に国勢調査が始まって以来、史上はじめて日本の人口が減る年となりました。あまりにも多くの方が亡くなっていくため、今、都内の火

葬場はどこも1週間待ちと聞きます。そして、以降毎年人口は減っていきます。

2016年の総人口1億2711万人は、14年後の2030年に1億1662万人へと1000万人以上が減少し、2050年には9708万人へとさらに2000万人が減る予定です（人口問題研究所）。

しかし、ただ人口が減るだけなら、需給均衡の観点から考えた場合、ある程度の産業活動や雇用機会が減っても構わないとも言えます。最も影響があるドライバーになると考えられるのは、生産人口のより大きな減少です。

2025年問題がもたらす影響とは

今後50年をかけて、2060年までに日本の生産年齢人口が3755万人も減少することの影響は甚大です。そんなに遠い未来の話ではありません。早くも9年後には「2025年問題」がやってきます。

「2025年問題」とは、団塊の世代が2025年頃までに後期高齢者（75歳以上）に達することにより、介護・医療費等社会保障費の急増が懸念される問題です。

10年後の2025年、高齢者人口は、約3500万人（人口比約30%）に達すると推計されています（厚生労働省）。高齢者（65歳以上）1人に対して生産年齢人口（15～64歳）が何人で負担するか？ という人数も大きく変化してきました。

「胴上げ型／1965年」高齢者1人に対し生産年齢人口9・1人。
「騎馬戦型／2012年」高齢者1人に対し生産年齢人口2・4人。
「肩車型／2050年」高齢者1人に対し生産年齢人口1・0人。

低い出生率と諸外国に例を見ないスピードで高齢化が進行し、年金など厳しい社会保障費負担の社会到来が予想されています。人口に占める働く人の割合が低下する状態は「人口オーナス」（オーナスは重荷の意味）と呼ばれています。

この人口オーナス状態になった経済社会ではどのような影響が現れるのでしょうか？

人口が減った日本では何が起こるか？

以下はそのストーリーです。

もし、あなたが２０２５年に都内某所で刑事をしていたとしたら次のような尋問を老人に行っているかもしれません。

＊

「またお前か。ここに来ちゃダメだと何度言ったらわかるんだ」

あなたがあきらめ顔で目の前の老人に聞いています。

「刑事さん、老人は誰も相手にしてくれない。年金も65歳以上じゃないともらえないし、求人も競争相手が沢山いて職に就くのはとても厳しい。毎日三食あって健康的な生活ができるのは刑務所なんだ。同じような境遇で同じ年代の友達もたくさんいるし、どうか後生です。早く連れて行ってください」

この老人は職を求めて北陸の地方都市から上京してきたところ、東京の生活に心身ともに疲れてしまい、万引きをして捕まったのです。

地方では、公共サービスが落ちる割にどんどん地方税が引き上げられていき、若者は都会に逃げ出し、企業も数少ない若者を追ってどんどん都心へ移っているという事情もあって、この老人は身寄りもないのに上京せざるをえなかったのです。

あなたが職場から家に帰れば、NHKのニュースで次のようなニュースを聞いていることでしょう。それは、水道管が破裂して水浸しになっているという、地方で起きている事故を放映しているニュースです。地方では耐久年をすでに20年超えている水道管がほとんどになっているものの、それをメンテナンスする財源がないので放置しているとの報道です。

地元の人は「水道管が老朽化しているため、サビや泥が混じって、ずっと水道水が濁って飲めなくなって久しい」と困惑した顔でインタビューに答えています。それに続いて、NHKの解説番組で評論家が最近の物価高について次のようにコメントしているのもお聞きになるかもしれません。

「少子化によって、労働需給が逼迫《ひっぱく》、賃金の上昇を招き、内外労働コストの格差を一層増大させ、製造拠点の海外移転（いわゆる「産業の空洞化」）に拍車をかけ続けて久しい。移民はおろか、逆に仕事を求めて海外へ脱出する若者の数が増えているくらいだ。もちろん、人口問題と経済との関係については、人口1人当たりのGDPで論じるべきだという見解があるが、留意点が2つある」

「1つは『規模の利益』だ。総人口の減少は国内市場の縮小を意味し、企業活動や資本導入等に悪影響を及ぼす。このことに加えて、もう1つは、負債も考慮すべきだということだ。わが国の国・地方の長期債務残高は10年前の2015年はGDPの約2倍で、さらに拡大して利払いだけで精一杯だ。加えて、人口の減少で1人当たりの借金額は大きくなってきている。このことも若者に恐怖感と絶望を与えており、今後の増税を嫌がって海外に移住を続けている。由々しきことだ」

キャスターがその解決の方法を尋ねると、評論家が答えます。

「当時の政府が採ったポイントは、①労働参加率を上昇させること、②生産性を向上させること、の2つだ。①については、一般的には、意図的に、女性および60歳以上の労働参加率を引き上げること、②については、高等教育はもちろんのこと、初等・中等教育を含む教育水準の向上、職場内あるいは職場外の能力向上等に取り組むこと。10年の安倍政権からずっとこの方針を採ってきたその結果が、高齢労働者の増加となってしまった」

キャスターが、どうして意図とは違って、高齢労働者のみ増えてしまったのか、その理由を尋ねると、評論家が続けて答えます。

「そう、旧態依然とした教育内容で生産性は全く上がらなかった。そもそも、プログラム言語や外国語の習得などを強制しても、老人には荷が重すぎたんだ。結局、単純作業の生産性が低い分野だけ働く老人が増えていった」

評論家は続けて言います。

「確かにこうした方針を掲げ始めた10年前の２０１５年はデフレ脱却直後だった。物価が再度下がっていく気配もあったので、マイナス金利も導入するほど物価高を誘導しようとしていた。しかし、その頃から東日本大震災の復興活動や２０２０年の東京オリンピック事業に向けて、若者の労働需給が本格的にタイト化していた。各種経済統計においても、建築業に加え、流通、物流、外食産業と人手不足が広がりを見せて、厚生労働省発表の有効求人倍率は年々改善し、2015年から2020年にかけては、政府の試算で延べ15万人の労働不足が見込まれていた。実際、人件費も急上昇していて、震災前と比較して、5年後の2016年では、鉄筋工では東北で3倍、関東で2倍、関西では1・5倍と言われている高騰ぶりとなっていった」

評論家が一服おいて言うには、

「一方で、こうした労働の逼迫《ひっぱく》化は景気回復への足カセとして作用している状況も経済統計で浮かび上がってきていた。企業や投資家の不動産取得が活発になり、オフィスや店舗などの商業地を中心に地価を押し上げている一方で、東京圏の郊外など一部の住宅地では、消費税引き上げの影響に加えて、建築費の高騰が地価上昇を抑え始めていることが浮き彫りとなっていった。価格転嫁による物価の上昇が消費者の購買マインドを冷やして、有効需要が減退していったのが2016年以降。実際、外食居酒屋チェーンのワタミが人件費の高騰から既存店舗の1割以上を閉鎖する等経営者マインドの悪化につながるケースもちらほら聞こえていた」

最後に評論家が苦虫を潰したような顔でこう話します。

「ここでマイナス金利導入となっていったわけだが、今となっては、あれがノーリターンポイントで金融システムがおかしくなっていき、融資態度がバブル期のように緩くなってしまって、多くの不良債権をつくるもとになってしまったんだ。結果の円安不況だ。円安で喜ぶ製造業はすでに海外移転を終えており、円安の意味がなく、輸入品を中心に生活費だけ上がっていった。あんなことをしなくても物価は労働賃金の上昇を反映して上がって行ったんだ。いずれにせよ、デフレ脱出直後の当時からは今日の状況は想像もできなかったことではある。しかし、雇用情勢が劇的に変化したのに気がつくべきだった。構造的失業率は日本では3・5%と言われており、2016年では3・6%だった。真剣に賃金上昇から物価が上昇する姿をイメージする必要があったのだ。そしてこのことは、少子高齢化が進む国内では、一過性ではない構造問題として長く物価高を方向づけていくものだった」

どうしても働かなくてはいけない老人の数が増えていく一方で、技術がある若者は少子化の影響もあり、どんどん少なくなっていきました。高い賃金の仕事は若者や海外に奪われて、大量に雇うことができる老人には安い賃金の、単純作業の仕事だけが回ってくるという世の中になっていきました。

*

以上はフィクションの話ですが、よく考えていただきたいのは、人口オーナス下にある日本の姿です。

スタグフレーション(低成長下の高インフレーション)への懸念

先に触れた「人口オーナス」では、第1に、労働力不足が成長を妨げることが顕著になってきます。第2に、資本不足で投資が制約されることが挙げられます。人々は老後に向けて貯蓄しているわけなので、老後にはその貯蓄を切り崩していくためです。第3に、社会保障制度の維持が不可能になることです。その結果、現役世代の社会保障積立という負担額を増やすか、老後世代の社会保障費の支払いを減らすことをしない限り、この制度の維持は不可能となります。

そうした中でも、実は第1の労働力不足が昨今顕著になってきています。

2012年12月26日にスタートした第2次安倍内閣によるお上主導の経済対策で、景気は約3年間は回復に向かって行きました。

具体的には、①異次元金融緩和、②機動的かつ大規模な財政出動、③TPP（環太平洋経済協定）推進に代表される規制緩和の、「3本の矢」と呼ばれるものです。この施策と、衆参ねじれ現象の解消を伴う、圧倒的な自民党の勝利による長期安定政権、そしてその経済対策への期待が、国内金融市場に大きなうねりをもたらしました。いわゆるアベノミクスです。

2013年には、年間でドル円為替レートが85円から105円へと、約21％という過去2番目となる大幅な円安が示現したことや、日経平均株価指数が約56％も暴騰するという、戦後4番目となる記録的な円安・株高となるほどの期待と市場へのインパクトがありました。

一方で、期待やコストカットだけではなく、新産業創出という形で産まれていく真の有効需要に基づいた、持続性のある付加価値の創造を求められているのが今年の日本の課題です。

しかし、賃金のコストカットですら難しくなりつつある現状が浮き彫りとなってきています。輸出数量が伸び悩み、明確な経済成長パスが描けない中で、労働力不足によって、労働賃金と物価において、下方硬直性が顕著になってきたためです。

今の物価をベースに理論的な日銀の政策金利を算出して見ると、インフレ目標を2％とした場合、その理論値はマイナス金利どころではなく、2％を超えるものとなっており、途方もない数字になるほどです。これは、引き上げられた消費税の影響と労働環境のタイト化で、大幅に上昇基調になっているためです。

日銀が2013年4月4日に決定し、市場で「バズーカ砲」とも言われた「量的・質的金融緩和」が、「3本の矢」の中でも一番大きな効果を、特に円安を導く過程で発揮したことは周知の事実です。

導入直後は長期金利が1％に乗るなど、マーケットが荒れた所を、新規国債発行の7割に相当する量を日銀が買い取るという人為的に金利を押さえ込んだことが奏功したためです。

しかし、この「異次元金融緩和」を導入する前提がデフレ脱却であるなら、インフレ目標を達成した後、金利の「正常化」観測が浮上してくる可能性は否定できません。

過去、3回の大幅な株式市場の上昇は、朝鮮特需の1951年（118％）、1952年（63％）、日本列島改造ブームの1972年（92％）でした。

いずれもその後に大きな賃金上昇とインフレ懸念と金利の上昇が株式市場の低迷につながったことを頭に入れながら、今後の国内金融市場の推移を見ていく必要がありそうです。

今でこそ、デフレ脱却がテーマになっているわけですが、人口動態の変化に基づいて考えていくと、生産性の低下によって、国内はインフレになる可能性が高くなると思われます。

そうした時に備えて今から色々対応を取る必要があるというアドバイスです。

たとえば、**住宅ローンは変動金利ではなく固定金利にする**のも一つのインフレへの対応策となるでしょう。また、インフレ通貨は外貨対比で理論的には下落するのが常なので、**海外への輸出ビジネスや外貨保有を拡大するなど、収入面での変化を生活に取り入れる**のも一手です。

04

「技術革新」から起こり得るストーリーを考える

平成金融恐慌で次々と名立たる企業が倒産へ

私は、運用の仕事をして20年になりますが、中でも最も印象に残っているのが平成金融恐慌です。次から次へと、名のある金融機関が再編・統合されていきました。印象に残っているのはその後のことです。ある時期から次から次へと名門企業が連鎖倒産していきました。銀行の数が少なくなって、銀行貸し出しが伸び悩み、景気が急降下していったのが平成金融恐慌だったのです。これがフィードバック効果（スパイラル的な連鎖反応）を呼んで、次のような影響を世間全般に与えていきました。

要は、投げ売りが始まるのです。不景気になって誰も何も買わない以上、手元の資金に苦しむ企業は、在庫の価格を下げてでも投げ売りする他ありません。その結果、先々安くなりそうだと見て、さらに買い控えする人たちが増えていきます。そうして物価が下がるので、ますます金利が下がっていきます。金利が下がるということは、借金の現在価値が上がってしまうということです。借金の現在価値が上がるときには皆、お金をできるだけ早く返していこうとします。

たとえば、住宅ローンを3%で借りていたのに、金利が低下して、1%で借りられるようになったとしましょう。おそらくほとんどの人が、以前借りていた住宅ローンを返そうとするはずです。そして借金を返した後、もっと金利が下がるんじゃないかと様子を見るのです。

これが経済の有効需要を奪っていく形となり、さらに設備投資が減っていきます。そうして雇用も奪われていき、消費者の家計がより防衛的となります。巡り巡って、企業在庫がどんどん溜まっていき、さらに企業は投げ売りを迫られる……こういったデフレスパイラルが平成金融恐慌時には起きていました。

こうした大恐慌を金融市場のど真ん中で体験する中でもう一つ、印象的なことがありました。

恐慌の間は、いらないものをグループ力で売ってきた企業ほどバタバタと倒れていきました。ただし、そのような八方ふさがりの恐慌状態にあってもビクともしない会社が実は少なからずあったのです。生き残っていく企業をリサーチしていると、まさに、今後起きる様々な困難を乗り切っていくであろう企業の姿が浮かび上がってきます。

危機に強い会社の3つの特徴

大別すると3つあります。

1つ目は、トヨタ自動車に代表される、世界に売上の基盤を持っていた企業です。世界同時恐慌というのは本当に何十年に1回あるかないかです。どこかの国で危機があっても、どこかの国での売り上げが浮き輪となって危機に耐えて将来にその命脈をつないでいくという形です。収入の分散化とでも言いましょうか。

2つ目は、コストカットにおいて極めて有効な技術やシステムを提供できる企業です。平成金融恐慌時で言えば、それは当時勃興しつつあったインターネット技術を用いて種々の事務部門の無駄を省くことができるサービスを提供できる企業群でした。

3つ目は危機時に役立つサービスを提供する企業です。

実はこうした中でこの全てを満たした革新的な企業とそのサービスに出会うことができました。それが、マイクロソフト社であり、その基幹ソフトであるWindows95だったのです。

マイクロソフト社が実現した技術革新の威力

教科書には載っていませんが、現場レベルからすれば、日本の金融システムを破綻の淵から救ったのはマイクロソフト社だったと言えると思います。

この、金融機関に強烈な正の印象を植え付けた彼らのサービスは、爆発的に金融市場から資金を集めることが可能となり、急成長を遂げていきました。危機時に欲されるサービスを提供することができたためでした。

また、経済危機の後に必ず訪れるコストカットの嵐を、サービスを通じて支援するという形でビジネスチャンスに変えていきました。これこそ技術革新と言うのだと、身に沁みて感じました。

ちなみに経済学では、技術革新のことを「全要素生産性」と言って、潜在的GDPを形作る重要な三大要素のうちの一つとなっています。

その他の二つは、労働投入量と資本投入量です。要は、たくさんの労働者を投入して、どんどん資本（機械設備やオフィスビルなど）を注ぎ込めば潜在的なGDPは上向くわけです。さらに、技術革新で、効率的にその労働者たちがさらに多くの製品やサービスを生み出してくれると、ますますGDPは増えていくことになります。

誰もが平等に与えられているのは、1日に24時間という時間だけです。この24時間という有限のものを有効に使って効率的に仕事ができると、1日あたりの生産量が上がるというわけです。そうした生産や仕事の効率を上げることを可能とする商品やサービスの発明が技術革新だと言えます。

時間と戦いながら正確な数字を計算し報告していく必要のある後方事務の現場に

おいて、ストレスなく、スムーズに、事務作業を助けてくれるエクセルは、まさに技術革新だったわけです。

一方で、「Windows95の発売で、事務部門の従業員数は、技術革新という恩恵の影でどんどん減っていき、ＡＩ失業に近いショックを受けてきました。

かつては、人力車から汽車へ、汽車から自動車へ、と移動に関する技術の進歩とともに企業が栄枯盛衰を体験してきました。そして、ＩＴ革命で、内部部門のスリム化と効率化がどんどん進んだのが現在です。

それでは、２０１６年以降でのマイクロソフト社のwindow95に匹敵するような偉大な技術革新はどのようなものが想像できるのでしょうか？

実は今、移動のさらなる飛躍とＩＴ革命の領域をオフィスから家庭に広げるという点で大きな技術革新が起きようとしています。

ドローンの発達で人が働かなくていい世界に

2016年1月、私は電化製品の発展に関するリサーチのために、年1回アメリカのラスベガスで行われている世界最大の家電ショーであるCES2016に参加してきました。

そこで見てきたものに共通項を見出すとするならば、移動に関しての革新です。言い換えると、動かなくてもコミュニケーションが取れるような技術の発達です。それが3Dバーチャルリアリティでした。バーチャルリアリティのメガネをかけて見ると、臨場感あふれる、現実と瓜二つの世界が広がります。これで会議をすれば、海外出張など必要なくなってしまいます。コストカットに大きく貢献していくわけです。

私が見たバーチャルリアリティのメガネでは、ゴルフの先生が目の前にいて、ゴルフのスイングを教えてくれるというものがありました。スイングの軌道が空中に残って見えるので、現実に教えてもらうよりも分かりやすく、気兼ねなく何度も練習できるので、習得時間を短縮できそうな感じがしました。また、ボタン一つで壁や天井が山の中に変身（映写機でその景色を投影する）するようなものがあり、外出しなくても瞬時に気分転換できるものもありました。

また、ドローンの可能性も実地で感じてきました。茶摘みや配達、治安、防衛も含めて肉体労働力がドローンによって置き替わる可能性が出てきています。要は人が移動する必要がなくなったのです。ドローンが24時間体制で工場を管理し、農場を管理している姿をそう遠くない世界で目の当たりにしているかもしれません。さらには、ドローンが管理している先は、働き手である工場と農場のロボットです。治安や防衛もドローンなどの無人兵器が大きな役割を果たすことになるであろうことも、容易に想像できました。

２９２～２９３ページの図８をご覧ください。経済産業省が移動の世界での技術革新後の世界を表したものです。20年以内に完全自動走行を予想しており、ドローンによる配達システムもそのイメージの中に入っています。その結果の影響を詳細するとこう表現しています。

経済効果以上に、交通事故などの人災が減ること。そして渋滞の抑制など、効率的な移動制御により二酸化炭素排出量が抑制されるなど、金銭に置き換えられない効用がもたらされるということになります。

労働人口も大きく変容していきます。従来産業の中では700万人以上が職を失う一方で、500万人以上が新産業において新たに雇用されるというのが国の考えとして既に表明されていることは、十分頭に入れて今後のビジネスを進めていく必要があります。

こうした技術進歩の前では、実は今まで話をしてきたインフレや経済不況を抑制することができる可能性を秘めています。生産性を上げていくために、そうした科学技術を取り入れていく企業が世界中で増えると、その技術を持っている産業の利益が押し上げられるため、さらにはその産業の購買意欲自体を押し上げて、新たに労働者を雇っていく、という好循環が出てくるからです。

その技術革新による生産性の上昇は、暫くは物価などの経済統計に表面化してこないため、中央銀行の政策金利は実勢以上に低くなりがちになります。そのために経済が大きく押し上げられるという側面もあります。

また、世間の経済環境が不況であったとしても、そうした環境ですら、新産業を

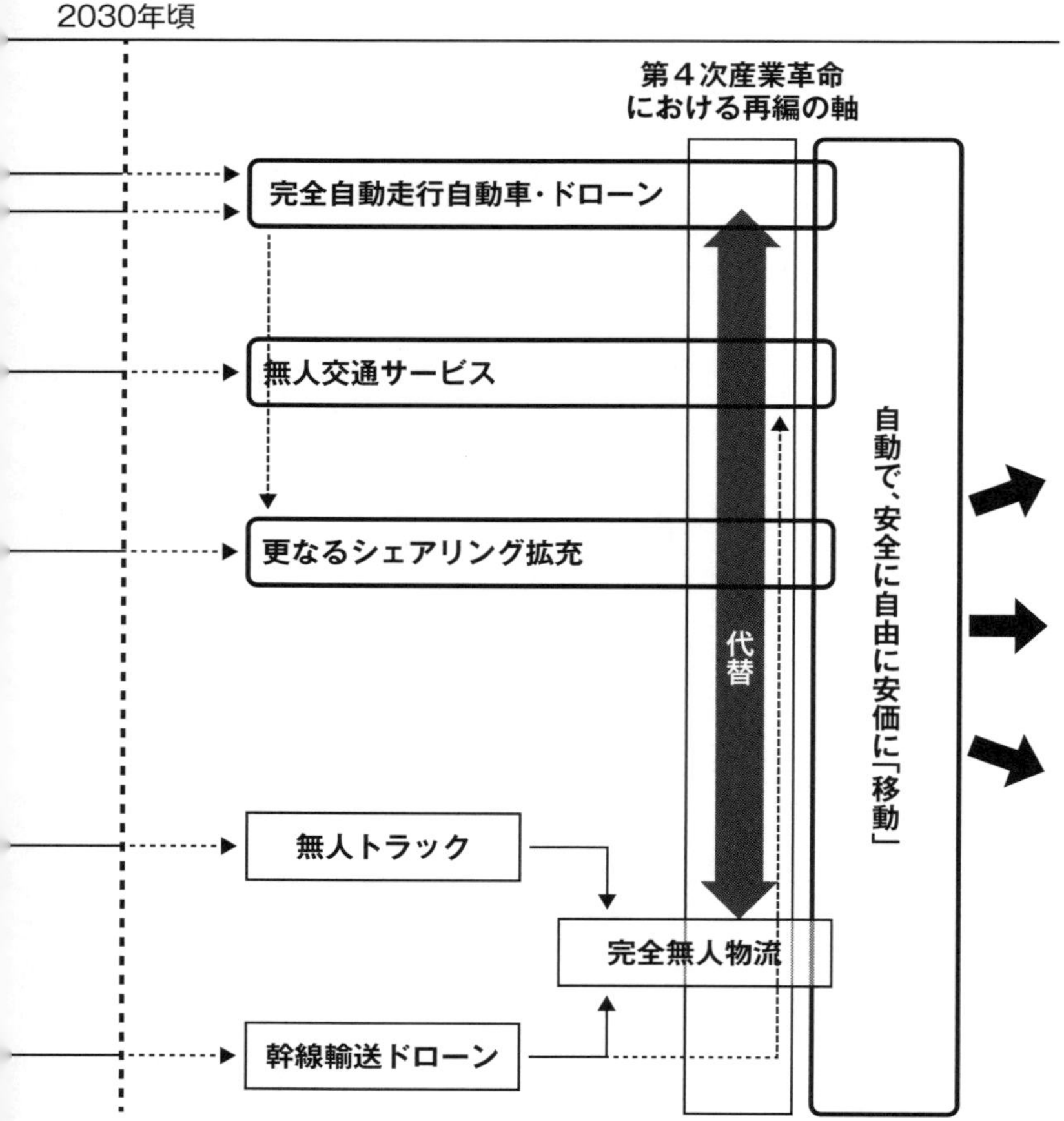

※官民ITS構想・ロードマップ2015において、試用期間は2020年代後半以降とされる。

図8　シミュレーション思考から見える未来の姿（移動・物流について）

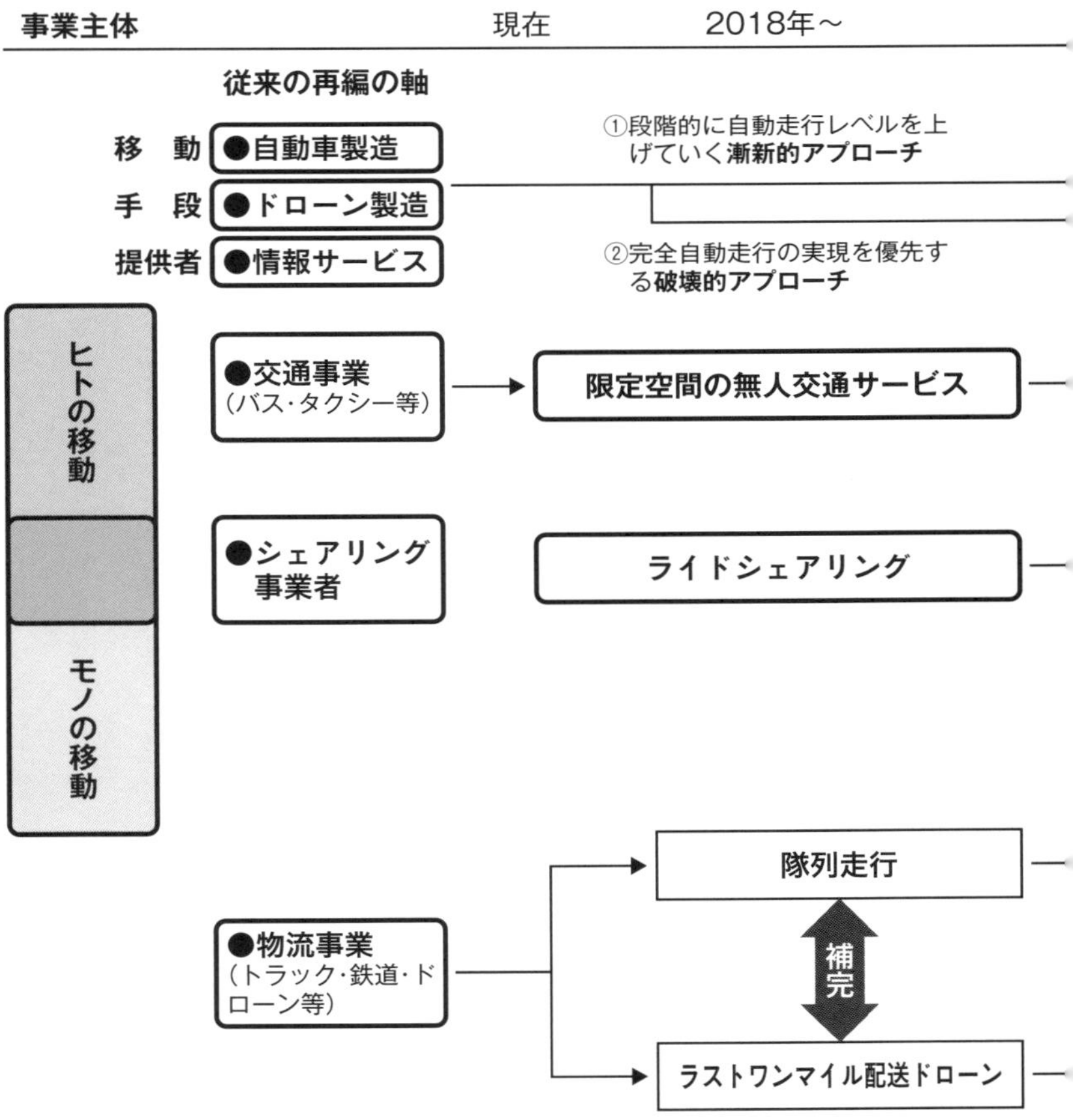

サポートしていきます。というのは、コストカットの需要を社会に産むためにオーダーが入るでしょうし、また、一刻も早く有効需要を出して新規雇用を生み出したいという政府から補助金が出やすくなるためです。そうした国家のサポートに支えられながら、コストカットに有用な技術革新をより高める方向へと世間全般が動きを加速させていきます。

自動運用でパフォーマンスが悪化

今、オフィスに行かなくても仕事ができる時代が来ています。

では、移動にまつわる仕事や、移動以外の仕事でも、人工知能やドローンや海外のノマド達に奪われていく中で、私たちはどのようにして仕事をしていけばよいのでしょうか?

ヒントは、またも平成金融恐慌時の出来事にあるように思えます。

平成金融恐慌当時、私が必死になって目の前の業務に日々打ち込むうちに、気がつけば、同業他社などの資産運用会社が合併に次ぐ合併でどんどんなくなっていきました。当然、運用業界におけるファンドマネージャーの数も減少の一途を辿りました。

特に若手の運用担当者は本当に少なくなっていました。ファンドマネージャーの育成には億のお金がかかると言われています。人を育てる余裕が、邦銀や生保にはすでに残っていない状況だったのです。

そこでファンドマネージャーを機械で代替させようという運用が流行り始めました。「クォンツ運用」と言って、エクセルに過去の市場パターンを打ち込んで自動運転でファンドの運用をするというやり方です。これが後ほど破滅的な被害を資産運用会社のお客様にもたらしていきます。

当時の日本では、ファンドを運用するマネージャーと言える人たちがどんどん少なくなっていきました。当時の日本特有の事情で、本当にファンドを運用するマネージャーと言える人たちはどんどん少なくなっていきました。その事情というのは、将来を予測する機能が奪われてしまったことです。

市場参加者の需給を先読みする過程で値段が決まっていく金融市場で、国内市場、特に国内金利市場が日銀によるゼロパーセント金利政策で統制されてしまったのです。

ファンドマネージャーの仕事は、本書の冒頭に申し上げたように、将来の予測にあります。それが、日銀に完全に奪われてしまったのです。結果、運用とは名ばかりで、ファンドマネージャーの取引は作業のようなものになっていきました。それが当時の円金利市場に代表される日本の金融市場の状況でした。

機械でもできるような作業であれば、より安価に大量に仕事をこなせる機械でやってしまえばいいという製造業のロジックが、金融市場においても蔓延していくことになりました。機械で信用リスクを弾き、機械に運用資産配分を任せるのです。その結果何が起きたかというと、当然のことながらどんどんパフォーマンスが悪化していくのでした。数万分の1というあり得ない確率でしか起き得ない程の莫大な負けをこしらえていくクオンツファンドが世界中に溢れていったのです。

安部公房の『R62号の発明』という小説では、人間が機械のしもべとして使われていく世界が描かれています。人間を効率よく働かせるという機械を、機械が発明します。その機械というのは、人間が効率的にボタンを押し続けていかないと、その指を切り落としていくという機械なので、その機械にセットされた人間は効率良く、しかし無意味に、指がなくなるまで永遠にボタンを押し続けるのでした。

効率的に意味のない運用指示を与え続けるロボットファンドマネージャーが、莫大な資金を運用していく時代がたった10年前にありました。

運用はアートの部分も多いのですが、コストカットという大義名分には叶いません。機械や外人の運用部隊で代替させようという形になってきたのが資産運用の世界だったのですが、命の次に大事なお金の運用を機械で代替させてきたその結果、とんでもなく大きなマイナスパフォーマンスをはじき出していったのでした。

「手術は成功した、しかし、患者は死んだ」という感じでした。

命の次に大切なお金の運用ですら、こうした馬鹿げた動きが進んでいったのです。今後は命を預かる医療や法曹界ですら、こうした機械化の動きからは逃れられなくなってくるでしょう。そして、みんながある日、機械任せではいけない分野があるのだと実感するわけです。

完全にロボット任せにできないのはアートの分野です。資産運用と医療と法曹界は、まさにそのアートの分野に属するものなのです。

他にもあるはずです。共通しているのはどれも職人の技が必要となる世界です。職人はその時々の事情に即応して商品を作り出していきます。一人一人のニーズに合わせて商品やサービスを生み出していく御用達ビジネスのような商売が、ロボットには任せられない仕事として残っていくことでしょう。

ロボット任せで多くの失敗をくり返している資産運用の姿を見るにつけ、ここにこそ人間の付加価値を高くつけていくことができる、ロボットに対する比較優位の世界があると確信しています。

私が申し上げたいことは〝バランス〟ということなのです。

コストカットにつながる技術革新をもたらす企業や産業は、負の面よりも正の面をもたらすほうが大きいと言えます。CES2016で見た世界は、今後あなたの生活の中で確実に目にする光景となるでしょう。ロボットや技術革新は、人間が得意な分野に、私たちの有限の時間を振り向けさせてくれるわけですから。

機械と人間が担当する分野を、比較優位と比較劣位で考えて、機械と人間の分業をバランス良く行っていけば、より良い豊かな未来が私たちを待っています。

ハッピーバラ色のシナリオに基づくストーリーだけでなく、シビアなリスクシナリオに基づくストーリーもバランス良く創っておけば、これから迎える不確実性の高い世の中が、かえってチャンスに満ちた時代に感じられるはずです。

まとめ

- 自然災害などに関しては、普段からストーリーを描き、備えを行っておくことが肝要
- 「ハコ創り」の際は、少子高齢化などの長期的に継続する社会構造要因を無視しないことが大切
- ストーリーは「ツキというものはいつかはなくなるもの」という認識で創るべき
- 実際に示現していく未来図（ストーリー）というものは、他人に依存せず、自ら考え、行動する人に、有利にかつ味方するように描かれている

おわりに

２０１４年3月、モスクワ発のニュースが世界を驚かせます。ロシア政府が突然クリミア半島に特殊部隊を送り込み、セヴァストポリのウクライナ海軍参謀本部を電撃的に占拠、クリミア半島のロシア領への組み込みを一方的に発表したのです。ロシア・ウクライナ双方に数千人の戦死者を出しながら今に至って続いているウクライナ紛争の契機となりました。

国際金融市場でも、ロシアの軍事行動の波紋は大きなものとなりました。欧米西側主導での対露経済封鎖の実行が行われ、ロシア通貨であるルーブルは瞬く間に通貨市場で急落、1年も経たないうちにその価値は半減するほどにまで暴落していきました。原油価格の半減もあり、ロシア国債は世界の主要格付け会社によってジャンク級の格付けにまでその格付けを落として、国債価格も急落していきます。国内物価は輸入物価を通じて急騰し住宅ローン金利は20％を大幅に上回るものになっていきました。その間、私はそのカオスの一部始終をモスクワで体験していました。

ところが、日頃から危機意識が高く、無借金経営を信条として財務体質を異常に高めているロシア企業は、あまり打撃を受けずに、むしろルーブル安を契機として、輸出産業を中心に企業利潤が大幅に拡大する中で未曾有の株価上昇を享受していきました。借金がないので大型黒字倒産劇もなく、輸出して大幅に高くなる米ドルを受け取り、国内従業員には大幅に安くなっているルーブルで支払うわけなので、当然と言えば当然の企業利潤の拡大と株高です。

加えて、物価抑制に向けた露中央銀行の果敢な利上げや国家基金によるキャッシュショート対応でのドル供給など、モスクワで私が目の当たりにしたのは、未曾有の危機下での、公的及び民間企業における危機対応能力の高さでした。日本にはこうしたロシアの状況は伝わっていないのが現状です。

逆に、最も影響が大きかったのは、こうした新興国であるロシア経済に依存してきた独仏の金融機関など欧州側の企業でした。ドイツ銀行などはウクライナ紛争勃発直前に、「我が銀行の運命は東方にあり」としてそのモスクワ支店を積極拡大していったのですが、結局、ウクライナ紛争を契機として、投資銀行部門を閉鎖し、実質的なロシア市場撤退に追い込まれました。その後、ドイツ銀行は破綻の噂が出る程で、２０１６年の今に至るまで、その株価は止まることなく急降下しています。

ロシアに拠点を移し、日頃から肌で感じているのは、日本人が長い間疑うことなく信じてきた「**日本は先進国であり、新興国はわれわれよりも劣っている**」という**考え方はもうとっくに過去のものだ**ということです。

日本やドイツなどのＧ７と呼ばれる先進諸国は、既に中国やロシアなどの新興国に多くの面で大きく差をつけられています。２００８年以降、世界のＧＤＰのシェアは、先進国・新興国で逆転しています。ＩＭＦ（国際通貨基金）によると、２０１６年には、世界のＧＤＰの58％以上が新興国から生まれている、という現実があります。

また、世界最高水準と巷で信じられている日本のインフラは、官僚機構、交通システム、医療・教育制度、銀行システムなども新興国に比べてですら、比較優位性を大きく失っています。

たとえば、精刻に１分の遅れもなく5〜6分おきに来る東京の地下鉄は、モスクワの地下鉄の利便性の前には霞んで見えます。モスクワの地下鉄は、時刻表すらないものの、２分に１本という頻度でやってくるからです。Wi-fiも地下鉄の中でさえ自由に使えます。タクシーもUberなど当たり前で、自動オークションを通じて最安値で最速で迎えに来てくれます。相続税もゼロです。税金もフラットタックスと言って、累進課税ではない、簡素且つ定率な13%という所得税が設定されています。規制に縛られた日本と比べて、割安で効率的なインフラや制度を享受している世界が新興国で実現しています。

「卵は一つのカゴに盛るな」というフレーズは、分散投資をするときの格言です。預金のみならず、債券や株券、不動産などの複数の伝統的資産で保有資産を分散させ、最小のリスクで最大のリターンを得ることを教えている格言です。長期的な目で見たときに、どのような局面でもそれほど大やられしないようにしようということです。

実際には、リーマン・ショックやチャイナ・ショックの例でも見られたように、市場がクラッシュしたときは全ての資産が下落したので、この格言をしっかり守っていても、大損をする人がたくさん出てしまいました。

それでも億万長者は、億万長者であり続けています。なぜなら、この格言を正しく守っているからです。大損している人は、分散の対象を間違うからこうなってしまうわけです。努力の方向を間違えているというわけです。

真の分散の対象は、資産ではなく、投資ストーリーであるということに億万長者は気付いています。シミュレーション思考が彼らの生き方のベースとなっているのです。

たとえば、アベノミクスというメインのストーリーに対し7~8割の資産を割いて株に投資しつつ、一方で、残りの2~3割を保険として、金融恐慌というストーリーで利益が上がるような投資を行う、といった具合です。また、地震が起きたら投資リターンの上がるような投資として、通称キャットボンド（災害債券）を空売りするという方法すら行っている億万長者が存在します。

「卵は一つのカゴに盛るな」とは、不変の輝きを持った格言なのです。

今後の日本社会はこの格言をもっと真摯に考える必要があります。この正反対の政策、言うなれば、一点全部賭けの方法に固執してきたのが日本の従来の姿だったからです。

日本は、アメリカの核の傘に守られた、安定的な冷戦構造下の社会で、一点集中全部賭けの方法をとり、効率よく大成功を収め、人類史上稀に見る大経済成長を果たしました。日米安保に依存する形で軍事費を年間ＧＤＰの１％程度に抑えつつ、戦後吉田ドクトリンという、経済重視＋軍備軽視を強力に推し進めてきたのが戦後70年の日本の姿でした。

社会が安定している以上、個人の生活においても、いい学校を出て、いい会社に就職して、年功序列で終身雇用。そして、高い退職金と年金をもらって人生上がり、という一点賭け主義に多くの人が各々の人生を賭け続けてきたのです。職場でも空気を読んで横並びの前例主義で大過なく社会人生活を全うしてきたし、今後もそうだと思っている人が今もたくさんいます。

ただし、私たちを取り巻く超安定社会という環境はとうの昔に終わりを告げています。１９８９年に冷戦構造が終わり、２００８年のリーマン・ショックで米国は体力を失って、２０１３年に世界の警察官を辞めると宣言し、ポスト冷戦という時代も終わり、今後は無極化、多極化と言われるアメリカ不在の時代が始まっています。

１９８９年に冷戦が終わると同時に、日本の高度成長も終わりを告げました。一点賭け戦略が無効になり、有害になってきているのです。「失われた20年」と言われる低成長経済が、25年目に突入しようとしています。金利も異常値のゼロ金利からさらに異次元のマイナス金利に突入する位の異常な状況です。

右肩上がりの経済ではなくなり、支持基盤に十分な資源配分ができず、さりとて日本の明るい将来のストーリーを示して若者を含む無党派層を取り込めるほどの知力もない、そんな政治家の姿に多くの方が幻滅を覚えているはずです。

私たちに今後求められていくのは、「**自分の足でしっかりと立つ**」ということです。自分の人生を、複数の自分の評価軸をベースに創り上げていくことが大切です。いつまでも冷戦構造下で作られた疲労が目立つ制度をやみくもに信じていてはいけません。また、少子高齢化で体力が弱くなっている国にこれ以上頼っている場合ではありません。自ら考える力をつけ、そして、これが最も重要なことですが、その**考えたことを行動に素早く移す力が不可欠になっていきます**。私たち一人一人の、社会に依存しない生き方が、社会の足を引っ張るのではなく、複数のストーリーを持ち、ストーリーから別のストーリーに乗り換えて行く機動力が不可欠になっているのです。逆に活性化させ、ひいては日本という国家を立ち直らせる力の源になっていきます。

そのために必要なのが本書でご紹介してきた「シミュレーション思考」です。

シミュレーション思考＝ストーリーを創る力＝何があっても生き残る力です。

激動する多極化の世の中で、今日も静かに億万長者は異なるカゴへ卵を盛り付けています。


最後に、モスクワまでお出でになり本書を世に出すことを熱心に勧めてくださった服部遣司氏、時差や距離を感じさせず、真摯にサポートしてくださった本書編集者の大島永理乃様、そして執筆にあたり助言をくださった白鳥美子様には感謝の気持ちで一杯です。多くの方々の支援を受けながら本書を世に出すことができて感無量です。

本書を、10年以上に亘り、私を支えてくれているMに捧げたいと思います。

２０１６年６月17日、モスクワにて

塚口直史

塚口直史 Tadashi Tsukaguchi

グローバルマクロ戦略ファンドマネージャー
英系投資顧問会社 SPRING 社取締役／グローバルマクロ戦略主任
早稲田大学政治経済学部卒、青山学院大学〜大学院国際政治経済学研究科 ファイナンス修士課程了。
みずほ投信投資顧問入社後、シティバンク・国際金融本部短期金利トレーディング部を経て、2008 年に世界最大の運用会社であるブラックロックにてグローバルマクロ戦略ファンドを主括。リーマン・ショック時、多くのファンドが損失を出すなか、投資収益率としては驚異的な 50%以上のリターンを挙げ、ブラックロックの数百あるファンド内で 1 位の成績を収める。2014 年より、英 SPRING 社において、グローバルマクロ戦略ファンドを設立・運用。エネルギー・地政学リスクに関する情報をヨーロッパ・アジア双方を通じて広く求めるべく、2013 年よりモスクワにリサーチ拠点を移す。2015 年、中国経済危機に備えるポジショニングが奏功し、再び 50%以上の投資利回りを実現。世界 3 位として表彰される（ファンド評価会社バークレイヘッジ社、2015 年度グローバルマクロ戦略部門）。また同年、ロシア国内での運用成績でも 1 位となる（ロシアヘッジファンドインダストリー国際部門）。2016 年 7 月より、SBI グループと共同で国際資産運用の情報提供を行う会員制オンラインサロン「hedge online ヘッジオンライン」をスタートする。
ほか、メガバンクグループの超富裕層向けに「モスクワだより」を発行。海外投資の観点から国際金融事情を届け、好評を博している。ブルームバーグなど、海外メディアへの記事寄稿多数。

◆塚口直史オフィシャルサイト
http://ttsukaguchi.jp

情報を「お金」に換える
シミュレーション思考

2016年8月2日　初版発行

著　者　塚口直史
発行者　野村直克
発行所　総合法令出版株式会社
〒103-0001 東京都中央区日本橋小伝馬町15-18
ユニゾ小伝馬町ビル9階
電話　03-5623-5121
印刷・製本　中央精版印刷株式会社

落丁・乱丁本はお取替えいたします。

ISBN 978-4-86280-513-3
総合法令出版ホームページ　http://www.horei.com/